I0348496

Gayatribala Panda is a powerful voice in contemporary Odia literature — a voice that flows like a deep, intimate, and infinite current of possibility. It is a voice that is gentle yet indomitable, a music of memory, a resonance of silence, carrying the intensity of pain and the power of truth- a voice that gives shape to the unheard and the unseen.

Each poem in Beshaghara is a mirror- a reflection of love, resistance, injustice, unrest, protest, irony, the invisible contours of time's pulse, and the layered unrest of the soul. Rich in the simplicity of language and the depth of feeling, these poems explore the fragile beauty of life and transform seemingly ordinary moments into vivid, reflective encounters. They do not merely mirror the world around us but immerse the reader in profound emotional resonance, stirring and unsettling us from within. Radiant in their commitment to truth and justice, these poems stand as embodiments of struggle and sensitivity, offering both courage and consolation to the reader.

A recipient of the Kendra Sahitya Akademi Award(2022) and Kendra Sahitya Akademi Yuva Puraskar(2011), Gayatribala Panda has written poetry, short stories, novels, essays, and newspaper columns for over three decades, earning widespread acclaim across Odisha and India. With 35 books published to date, she commands a devoted readership both at the regional and national levels.

Beshaghara, born not just from the heart but from the marrow of lived experience, is a memorable addition to her creative repertoire. It is a reflection- of the complex inner psyche of one seeking to find oneself through the layers of voice and identity. This collection stands as a unique testament to Panda's poetic power, sharp insight, and social consciousness- and is poised to remain a lasting contribution to contemporary Odia literature.

ବେଶଘର

ଗାୟତ୍ରୀବାଳା ପଣ୍ଡା

ବ୍ଲାକ୍ ଇଗଲ୍ ବୁକ୍ସ
ଭୁବନେଶ୍ୱର, ଓଡ଼ିଶା
BLACK EAGLE BOOKS
Dublin, USA

ବେଶଘର / ଗାୟତ୍ରୀବାଳା ପଣ୍ଡା

ବ୍ଲାକ୍ ଇଗଲ୍ ବୁକ୍ସ : ଭୁବନେଶ୍ୱର, ଓଡ଼ିଶା ● ଡବ୍ଲିନ୍, ଯୁକ୍ତରାଷ୍ଟ୍ର ଆମେରିକା

 BLACK EAGLE BOOKS

USA address:
7464 Wisdom Lane
Dublin, OH 43016

India address:
E/312, Trident Galaxy, Kalinga Nagar,
Bhubaneswar-751003, Odisha, India

E-mail: info@blackeaglebooks.org
Website: www.blackeaglebooks.org

First International Edition Published by
BLACK EAGLE BOOKS, 2025

BESHAGHARA
poetry collection
BY **Gayatribala Panda**

Copyright © **Gayatribala panda**

All rights reserved. No part of this publication may be reproduced, stored in a retrieval system, or transmitted, in any form or by any means, electronic, mechanical, photocopying, recording or otherwise without the prior permission of the publisher.

Cover: **Prakash Mohapatra**
Interior Design: Ezy's Publication

ISBN- 978-1-64560-743-4 (Paperback)

Printed in the United States of America

ମୋ ପିଉସୀ ସ୍ୱର୍ଗତ କମଳା ପଣ୍ଡାଙ୍କୁ...

ନାନୀ,
କେଡେ ଶୀଘ୍ର ବେଶ ଉତାରି ସଂସାରରୁ ବାହୁଡ଼ିଗଲ।
ଶୂନ୍ୟଦେହୀ ପାଲଟିଗଲ। ଆଞ୍ଜୁଳାଏ ଅଶ୍ରୁ ସହ 'ବେଶଘର'
ତମକୁ ଅର୍ପଣ କରୁଛି...

କବିତା କ୍ରମ

ଭାତ...୦୯

ନିଆଁ...୧୧

କୁମ୍ଭମେଳା...୧୩

ଦେଶ ପ୍ରେମ...୧୭

ଇତିହାସ ଯାହା କହେ ନାହିଁ...୨୦

ଯୁଦ୍ଧ...୨୨

ସଂକ୍ରମଣ...୨୪

ଯୁଦ୍ଧ ପରବର୍ତ୍ତୀ ସମୟ...୨୬

ଗଣତନ୍ତ୍ର ଦିବସ...୨୮

ଅର୍ଦ୍ଧପାଗଳ...୩୦

ମହାକଳ୍ପନା...୩୨

ଦୁଃଖମାନଙ୍କୁ ଧାଡ଼ିରେ ଛିଡ଼ାକରି...୩୪

ପାପ...୩୬

ଛାଇ(୧)...୩୮

ସୁଖ...୪୧

କବିତାର ପ୍ରେମରେ...୪୪

ଛଳ...୪୬

ନିରୁଦ୍ଦିଷ୍ଟ...୪୯

ଏଣିକି ମୁଁ ଅବିକଳ ମୋ ପରି ଦିଶିବି...୫୦

ବେଗ...୫୨

ଇଚ୍ଛାପତ୍ର...୫୪

କବିତା ପ୍ରତି...୫୬

ସହର(୨)...୫୮

ପ୍ରେମ...୬୦

ଖେଳ...୬୧

ଛାଇ(୨)...୬୩

ଘୋଡ଼ାଦୌଡ଼ ...୬୪

ଜୀବନ କ୍ରମ...୬୬

ଚିରାଚରିତ...୬୭

ଉପଲବ୍ଧି...୬୯

ଈଶ୍ୱର...୭୦
ତୁମଠାଁ...୭୧
ସାଧାରଣ...୭୨
ସତ...୭୩
ଅଗ୍ନି...୭୪
କାମନା...୭୫
ଦିନ...୭୬
ଗୀତ...୭୭
ଦୀପ...୭୯
ସମୁଦ୍ର...୮୦
କବି...୮୧
ଯନ୍ତ୍ରଣା...୮୩
ଦୃଶ୍ୟ...୮୪
ଏପ୍ରିଲ୍(୨)...୮୬
ମୁଁ...୮୮
ଥାଏ ନ ଥାଏ...୮୯
ଚାବି...୯୨
ସର୍କସ...୯୬
ଆଉ କବିତା ଲେଖୁନି...୯୯
ନାଗରିକ...୧୦୧
ପବିତ୍ରତା...୧୦୪
କହୁଚି ବୋଲି...୧୦୬
ମନ୍ କୀ ବାତ୍...୧୦୯
ଅହୋରାତ୍ର...୧୧୩
କିଛି ଶବ୍ଦ...୧୧୬
ବହି...୧୧୮
ନିଜଠୁ ମୁକୁଳିଯିବା...୧୨୦
ଶବ୍ଦ-ଖେଳ...୧୨୨
ବେଶଘର(୧)...୧୨୪
ବେଶଘର(୨)...୧୨୬
ବେଶଘର(୩)...୧୨୯
ଉଠିବି...୧୩୨

ଭାତ

ତମେ ପ୍ରେମ କରିଚ, ଈଶ୍ୱର ?

ରାତି ବାରଟା ପଇଁଚାଳିଶ୍‌ରେ
ଏକଥା ତମକୁ କାହିଁକି ପଚାରୁଚି
ମତେ କହିପାର ପାଗଳ।

କେତେଦିନ ହେଲା
ପେଟରେ ଓଦାକନା ପକେଇ ଶୋଉଚି
କେତେକ'ଣ ଘଟିଯାଉଚି
ଏ ସମୟରେ,
ଏ ସହରରେ,
ଏ ଦେଶରେ।
କିଛି ଫରକ୍ ପଡୁନି।
ତକେଇଚି ଗୁଣ୍ଡାଏ ଭାତକୁ
ସେଇ ଗୁଣ୍ଡାକ ମୋର ପ୍ରେମ
ସେଇ ଗୁଣ୍ଡାକ ମୋର ପ୍ରାଣ।

ରାତି ଯେତେ ବଢୁଚି
ବଢୁଚି ମୋର ଉନ୍ମାଦପଣ
ଆକାଶରେ ତରା ଫୁଟିଲେ ଲାଗୁଚି
ଭାତ ଫୁଟୁଚି ହାଣ୍ଡିରେ

ବାସ୍ନାରେ ମହକିଯାଉଚି ପିଣ୍ଡ ମୋର
ଅଥଚ ଗର୍ଭଗୃହରେ ତମେ ନିରବ, ନିର୍ବିକାର।

ଇସ୍! କି କମନୀୟ ରୂପ ଚାତୁର୍ଯ୍ୟର!

ସାମାନ୍ୟ ଭାତକୁ ନେଇ
ଏତେକଥା ବକୁଚି କିଆଁ?
ଇତିହାସରେ ଭାତକୁ ନେଇ ହାତାହାତି
କିମ୍ବଦନ୍ତୀରେ ବି ଭାତକୁ ନେଇ ହଟ୍ଟଗୋଳ
ବଂଚୁଥିବା କାଳଖଣ୍ଡରେ
ଭାତ, ଭାତ ଆଉ ଭାତକୁ ନେଇ
ଯେତେ ପ୍ରଶ୍ନଝଡ଼।

ପଙ୍ଗପାଳ ଚରିଯାଉଥିବା କ୍ଷେତଆଡ଼େ
ଥରେ ଆସ, ଈଶ୍ୱର
କ୍ଷେତ ଥିଲେ ତ ମଲ୍ଲୀମାଳ!

ଭୋକପାଇଁ କାଳିସୀ ଲାଗିଲାବେଳେ
ମଲ୍ଲୀମାଳ, କି କାମର!

ନିଆଁ

ରକମ ରକମ ନିଆଁ
ନିଜ ଭିତରେ ଜଳେଇ ରଖିଚି।

ଉତ୍ତାପରେ ଉହକୁଚି, ଉହକି ଚାଲିଚି।

ଚୁଲୀରେ ଜଳୁଥିବା ନିଆଁ
ଜଙ୍ଗଲ ଜାଳୁଥିବା ନିଆଁ
ବଜ୍ରପାତରୁ ଛିଟ୍‌କିଆସୁଥିବା ନିଆଁ
ଭୋକପେଟରେ ଜଳୁଥିବା ନିଆଁକୁ ବାଦ୍ ଦେଲେ
ଆହୁରି ଅନେକପ୍ରକାର ନିଆଁ ଥାଏ
ଅଦୃଶ୍ୟ ଭାବରେ ଜଳୁଥାଏ ଯେ ଜଳୁଥାଏ।

ଲୋଭ ବି ସର୍ବଗ୍ରାସୀ ନିଆଁ ପାଲଟି
ଛାରଖାର କରିଦିଏ କାଳଖଣ୍ଡକୁ
ଦିନେ ପୀଡ଼ାମାନେ ବଦଳିଯାଆନ୍ତି
ନିଆଁଝୁଲରେ
ଅପମାନଟିଏ ସଂଚରିଯାଏ ନିଆଁ ହେଇ
ଶିରାପ୍ରଶିରାରେ, ବିଜୁଳି ବେଗରେ।

ପାଉଁଶ ପାଲଟିଥିବା ସ୍ୱପ୍ନସ୍ତୂପରୁ
ଉଠୁଥିବା ଧୂଆଁରେ କି ଧାସ !
ସିଝେଇଦିଏ ହୃଦୟର ଅତଳତଳ
ସମୟ ପାଲଟିଯାଏ ସ୍ଥାଣୁ ଓ ସ୍ଥବିର !

ବାସନାର ନିଆଁ କି ଭୟଂକର !
କୋଳାହଳ କି କାନ୍ଦ ଶୁଭେନା କୋଉଠୁ
କଇଥା ପଡ଼ିଯାଉଥାଏ ମର୍ମସ୍ଥଳ ।

ପ୍ରେମର ନିଆଁ ଲିଭାଇବା
ଆଦୌ ସହଜ ନୁହଁ
ସବୁଠୁ ବେଶୀ ଉତ୍ତାପ ଥାଏ
ପ୍ରେମରେ
ହାର୍‌ଜିତ୍‌ର ଅର୍ଥ ନଥାଏ
ସାରା ଜୀବନ ଡହକିବାକୁ ହୁଏ
ଏକାଭଳି ଉଲ୍ଲାସରେ, ଉଦାସୀନତାରେ
ପ୍ରାପ୍ତି ଯାହା, ଅପ୍ରାପ୍ତି ତାହା ପ୍ରେମରେ ।

ମୋର ଦିନରାତି, ସଂଜ ଓ ସକାଳ
ସବୁଠି ନିଆଁର ନାନାବାୟା ଗୀତ
ଗୀତରେ ଅପୂର୍ବ ତାଳ, ଲୟ, ଛନ୍ଦ
ଛନ୍ଦରେ ଜୀବନ, ଛନ୍ଦରେ ମୃତ୍ୟୁ

ମୃତ୍ୟୁକୁ ନେଇ
ନିଆଁକୁ ନେଇ ଏତିକି କଥା ସତ ।

କୁମ୍ଭମେଳା

ପାପମାନଙ୍କର ତାଲିକା କରୁଚି।
ବଡ଼ରୁ ସାନ କ୍ରମରେ ସଜଉଚି।
କୋଉଟା ବଡ଼ ପାପ,
କୋଉଟା ସାନ
ଧନ୍ଦି ହଉଚି।

ପାପର ସଂଜ୍ଞା, ପୁଣ୍ୟର ସଂଜ୍ଞା
ନିର୍ଦ୍ଧାରିତ କରେ ଯିଏ
ସେ ରହେ କୋଉଠି
ତୁହାକୁ ତୁହା ଏ ପ୍ରଶ୍ନ ବି ମନକୁ ଆସୁଚି।

ବନ୍ଧୁ ଓ ଆତ୍ମୀୟ ପଚାରୁଛନ୍ତି
ଯିବନି କି କୁମ୍ଭମେଳାକୁ
ପହଂଚିବନି ପ୍ରୟାଗରାଜରେ
ବୁଡ଼ ପକେଇବନି ଗଂଗାରେ ?
ଏ ପ୍ରଶ୍ନର ଉତ୍ତର ନାହିଁ ମୋ ପାଖରେ।

ଗଂଗା, ପ୍ରୟାଗରାଜ, କୁମ୍ଭମେଳା ଭଳି ଶବ୍ଦସବୁ
କାହିଁକି ମତେ ଆଚ୍ଛନ୍ନ କରିପାରନ୍ତି ନାହିଁ
ତା' ବି ବୁଝେଇ ପାରିବି ନାହିଁ ଠିକ୍ ଭାବରେ।

ହେଇପାରେ ମୁଁ ନାସ୍ତିକ, ନିର୍ବିକାର
ହେଇପାରେ ଏ ନାକଚ଼ପଣ ହିଁ ଆହ୍ୱାନ
ମୋ ଅନ୍ତରାତ୍ମାର।
ହେଇପାରେ ଧର୍ମର ଦ୍ୱାହିଦେଇ
ମୁଁ ସାଉଁଟିବାକୁ ଚାହୁଁନି
ସମାଜର ଓ୍ୱା, ଓ୍ୱା, ତାଳିମାଡ଼।

ମୁଁ ଜାଣେ
ମୋର ନମ୍ରତା
ଯେବେ ବଦଳିଯାଏ ନିଆଁରେ
ଲୋକ କହନ୍ତି ପାପ କରୁଛି
ମୋର ସ୍ଥାଣୁତା
ଯେବେ ବଦଳିଯାଏ ସ୍ମିତହସରେ
ଲୋକ କହନ୍ତି ପାପ କରୁଛି
ମୋର ଆତଙ୍କ
ଯେବେ ବଦଳିଯାଏ ଆତ୍ମବିଶ୍ୱାସରେ
ଲୋକ କହନ୍ତି ପାପ କରୁଛି
ମୋର ଯାତନା
ଯେବେ ବଦଳିଯାଏ ଯୁକ୍ତିରେ
ଲୋକ କହନ୍ତି ପାପ କରୁଛି
ମୋର ପୀଡା
ଯେବେ ବଦଳିଯାଏ ପ୍ରଶ୍ନରେ
ଲୋକ କହନ୍ତି ପାପ କରୁଛି

ମୋର ବିଷାଦ
ଯେବେ ପାଲଟିଯାଏ ବିଦ୍ରୋହ
ଲୋକ କହନ୍ତି ପାପ କରୁଛି
ମୋର ଉଦାସୀନତା
ଯେବେ ପାଲଟିଯାଏ ଆଗ୍ରହ
ଲୋକ କହନ୍ତି ପାପ କରୁଛି
ଅସହଜ ସତ୍ୟର ସାମ୍ନା କରିବା
ଯେବେ ପାଲଟିଯାଏ ଜିଦ୍ ଓ ସାହସ
ଲୋକ କହନ୍ତି ପାପ କରୁଛି ।
ମୋର ସ୍ୱପ୍ନ ଯେବେ ବଦଳିଯାଏ ସାଧନାରେ
ଲୋକ କହନ୍ତି ପାପ କରୁଛି
ମୋର ସଂଘର୍ଷ ଯେବେ ବଦଳିଯାଏ ସଫଳତାରେ
ଲୋକ କହନ୍ତି ପାପ କରୁଛି ।

ଏମିତି ଏମିତି ମୋ ପାପର ତାଲିକା
ଯେତେ ଲମ୍ବା ହଉଥାଏ
ମୁଁ ହସୁଥାଏ । ରହିଯାଉଥାଏ
ଲୋକଙ୍କ ତେର୍ଛା ଚାହାଣିରେ ।

ଟିଭି ପରଦାରେ
ପ୍ରମୁଖ ଖବରର ଶୀର୍ଷକ କୁମ୍ଭମେଳା
ମେଳାରେ ଦଳାଚକଟା
ଦଳାଚକଟାରେ ମୃତାହତଙ୍କ ସଂଖ୍ୟା ନୁହଁ,

ବରଂ ମୋକ୍ଷ ପ୍ରାପ୍ତି କଥା ସବୁରି ତୁଣ୍ଡରେ।
ମୋ ଭିତରୁ କେହିଜଣେ
ବ୍ୟବସ୍ଥାକୁ, ବାଦଶା'ଙ୍କୁ,
ଭୟକୁ, ଭିରୁତାକୁ
ଧର୍ମକୁ, ଧାରଣାକୁ
ଚେତନାକୁ, ଚଳଣିକୁ
ପ୍ରଶ୍ନ ପଚାରୁଥାଏ ତ
କେହିଜଣେ ମୃତକଙ୍କ ଅକାଳ ମୃତ୍ୟୁ କଥା ଭାବି
କାନ୍ଦ କାନ୍ଦ ଦିଶୁଥାଏ ।

ମୋର ପ୍ରଶ୍ନ, ମୋର କାନ୍ଦ
ମୋର ବିବେକ, ମୋର ବିଚାରକୁ ଧରି
ମୁଁ ଛିଡାହୋଇଥାଏ
ପାପୀଙ୍କ ଧାଡ଼ିରେ।

ନାଃ ! ପାପ ଧୋଇବାକୁ
ମୁଁ ପହଂଚିପାରେନା କୁମ୍ଭମେଳାରେ
ବରଂ ପାପମାନଙ୍କୁ ସଜଉଥାଏ
ବଡରୁ ସାନ କ୍ରମରେ !

ଦେଶ ପ୍ରେମ

ପ୍ରେମ କହିଲେ ପକ୍ଷୀଙ୍କୁ ବୁଝେ ।

ଆକାଶରେ ଉଡ଼ିଯାଉଥିବା ପକ୍ଷୀ
ଜାଲରେ ପଡ଼ି ଛଟପଟ ହଉଥିବା ପକ୍ଷୀ
ପଂଜୁରୀରେ କଏଦ୍ ଥିବା ପକ୍ଷୀ
ଇଲେକ୍ଟ୍ରି ତାରରେ ଦଳଦଳ ବସି
ନିଜ ନିଜର ନୀରବତାକୁ ଖୁମ୍ପୁଥିବା ପକ୍ଷୀ
ସବୁ ପକ୍ଷୀଙ୍କ ନିରୀହତା ମତେ ଆକ୍ରାନ୍ତ କରେ
ମୁଁ ପ୍ରେମରେ ପଡ଼େ ।

ସେଇ ପକ୍ଷୀମାନଙ୍କ ପରି ମୋର ଦେଶ
ସମୃଦ୍ଧିର ସିଡ଼ି ଚଢୁଥିବା ଗୋଟେ ଦେଶ
ଋଣଭାରରେ ଅଣନିଶ୍ୱାସୀ ଗୋଟେ ଦେଶ
ଅତୀତର ଗାଥାକୁ ଝୁରିହଉଥିବା ଗୋଟେ ଦେଶ
ଯୁଦ୍ଧଭୂଇଁରେ ଲଢୁଥିବା ଗୋଟେ ଦେଶ

ସବୁ ମତେ ଏକାଭଳି ମନେହୁଏ
ମୁଁ ମଣିଷକୁ ନେଇ ଘାରି ହୁଏ ।

ମାଟିର ରଂଗ କଳା, ଲାଲ୍ ବା ଧୂସର ହେଇପାରେ
ମାନଚିତ୍ରରେ ହୁଏତ ପ୍ରତି ଦେଶ
ଚିହ୍ନିତ ହୁଏ ଭିନ୍ନ ଭିନ୍ନ ରଂଗରେ
ପ୍ରତି ଦେଶର ଥାଏ ଭିନ୍ନ ଭିନ୍ନ କାଇଦାକାନୁନ୍
ପ୍ରତି ଦେଶକୁ ଥାଏ ଭିନ୍ନ ଭିନ୍ନ ରାସ୍ତା
ମାତ୍ର ରକ୍ତର ରଂଗ ଲାଲ୍ ଥାଏ ପ୍ରତି ମଣିଷର
ମଣିଷର ରକ୍ତକୁ ପଡ଼ିଥାଏ ଗୋଟିଏ ମାତ୍ର ରାସ୍ତା
ଭାବର, ଭଲପାଇବାର।
ସେଇ ରାସ୍ତା ମତେ ପ୍ରେମରେ ପକାଏ
ସେଇ ରାସ୍ତାରେ ମୁଁ ବାରବାର ଧାଉଁଥାଏ
ସେଇ ରାସ୍ତା ମୋର ପ୍ରାର୍ଥନାର ଶବ୍ଦ ପାଲଟିଯାଏ।

ଯେମିତି ମୋର ପ୍ରାର୍ଥନାରେ ଥାଏ ଦେଶ ମୋର
ଥାଏ ସେମିତି ପ୍ରେମରେ।

ଦେଶ ପ୍ରତି ପ୍ରେମ ବୋଇଲେ
ଟିକିଏ ତାଜା ପବନ ଶୋଷିନବା
ସୌହାର୍ଦ୍ଧ୍ୟପୂର୍ଣ୍ଣ ପରିବେଶରେ ବଂଚିବା ହୋଇପାରେ।
ମୁଠାଏ ଡହଡହ ଭାତ, ଡାଲି ଟିକେ ହାପୁଡ଼ିଦବାର ଇଚ୍ଛା
ମୋ ପାଇଁ ଦେଶ ପ୍ରେମ ହେଇପାରେ
ଉଚ୍ଚାକାଶରେ ଫରଫର ଉଡୁଥିବା ତ୍ରିରଂଗାକୁ ଦେଖି
ବିହ୍ୱଳ ହୋଇଉଠିବା
ମୋ ପାଇଁ ଦେଶ ପ୍ରେମ ହେଇପାରେ

କେବେକେବେ କୌଣସି କଥାରେ
ପ୍ରତିବାଦ ବା କ୍ରୋଧ ଜାହିର କରିବା
ମୋ ପାଇଁ ଦେଶ ପ୍ରେମ ହେଇପାରେ
ଯାହା ହୁଏତ ଗଣାହେଇପାରେ ଦେଶଦ୍ରୋହରେ।

ଦ୍ରୋହ ବି ଜନ୍ମ ନିଏ ପ୍ରେମରୁ
ଏକଥା କାହିଁ ବୁଝିପାରନ୍ତି
ତଥାକଥିତ ଦେଶରକ୍ଷକ
ସେମାନଙ୍କ ନିର୍ଦ୍ଦୟ ପରିହାସ,
ନିରର୍ଥକ ଯୁକ୍ତିର ପ୍ରତିବଦଳରେ
ମୋ ଭିତରେ ଜନ୍ମ ନଉଥିବା
ଚେନାଏ ଅନ୍ୟମନସ୍କତା
ବା ନୀରବତା
ବା ନିଆଁ ଇ
ଦେଶପ୍ରେମ ମୋର।

ମୋ ଭିତରେ ମୋର ଦେଶପ୍ରେମ
ଜୀବିତ ରହିବାର ପ୍ରମାଣ
ଆଉ ବା ହେଇପାରେ କ'ଣ
କ'ଣ ହେଇପାରେ ସଂଜ୍ଞା,
ଭକ୍ତିର,
ଭଲପାଇବାର !

● ● ●

ଇତିହାସ ଯାହା କହେ ନାହିଁ

ଇତିହାସ ଯାହା କହେ ନାହିଁ
ସେଇଠୁ ବାହାରେ ଗୋଟିଏ ଗୋଟିଏ ଶବ୍ଦ
ବୋମାପରି ଫୁଟେ
ତଟସ୍ଥ ହୋଇଯାଏ ସମୟ, ସଂସାର।

ଇତିହାସର ଅଂଧାରି ଗଳିରୁ ବାହାରେ
ଗୋଟିଏ ଗୋଟିଏ ଦୀର୍ଘଶ୍ୱାସ
ଯାହାକୁ ଅତି ନୃଶଂସ ଭାବରେ
ଚାପିଦିଆଯାଇଥାଏ ସମୟର ଚକ ତଳେ
କ୍ଷତ ଉପର ଖୋଳପା
ଖଣ୍ଡିଆ ତଳର ରୁଗ୍‌ରୁଗ୍
ଶୁଖିଯାଇଥିବା ରକ୍ତଦାଗ ଦେଖି
ଦେହ ଉଲୁସି ଉଠେ ସମୟର
ସଂସାର ଆଖିରେ ମନ୍ଦାମନ୍ଦା କୌତୁହଳ।

କେବେକେବେ ସେଠୁ ବାହାରି ଆସିଥାଏ
ଫାଟିଫୁଟିଯାଇଥିବା କିଛି ଆଖିଡୋଳା
ଦର୍ପଣ ଭଳି ଯାହା ଭିତରେ ଦୁଶିଯାଏ
ସମୟର କ୍ରୁର କାରସାଦି, ଫନ୍ଦିଫିକର।

ଇତିହାସ ଯାହା କହେ ନାହିଁ
ସେଇଠୁ ବାହାରେ ଗୋଟିଏ ଗୋଟିଏ ଛାଇ

ଛାଇର ମୁହଁ କି କରୁଣ !
ହୃଦୟ କୋରି ହୋଇଯାଏ
ବର୍ତ୍ତମାନ ପାଲଟିଯାଏ ମୂକ, ବଧିର ।

ସେଇ ଛାଇମାନଙ୍କୁ
ମୁଁ କେତେ ନା କେତେ ପ୍ରଶ୍ନ ପଚାରେ
ଉତ୍ତର ନ ଥାଏ
ଡହକୁଥିବା କିଛି ଅଂଗାରର ତାପ
ମତେ ଉତ୍ତେଜିତ କରେ
କ୍ଷତମାନଙ୍କର କୋଲାଜ୍
ଯାହା ସଂସାରକୁ ଚିତ୍ରପଟ ଭଳି ଦିଶେ,
ମତେ କରିଦିଏ ନାରଖାର ।

ଇତିହାସ ଯାହା କହେ ନାହିଁ
ସେଇଠୁ ଆରମ୍ଭ ହୁଏ ମୋର କାଂଦ
ଆରମ୍ଭ ହୁଏ ବାଚାଳାମି ମୋର
ଯୋଉ ବାଚାଳାମିକୁ ସଂସାର ଡାକେ ପାଗଳ ।

ନାଃ ! ଇତିହାସ କେବେ ବି ସଫେଇ ଦିଏ ନାହିଁ
ପାଗଳମାନଙ୍କ ପାଇଁ ବି
ପୃଥିବୀ କେମିତି ଦିଶିପାରେ
ଆଉରି ଟିକେ ସ୍ୱଚ୍ଛ,
ଆଉରି ଟିକେ ସ୍ୱଚ୍ଛଳ ।

ଯୁଦ୍ଧ

ଯୁଦ୍ଧକୁ ନେଇ କବିତା ଲେଖିବି
ଭାବିଲାବେଳକୁ କବିତା ପହଂଚିଯାଉଚି
ଯୁଦ୍ଧକ୍ଷେତ୍ରରେ।

କବିତା ଅସ୍ତ୍ରକୁ ଶାଣ କରେନି
କବିତା ବନ୍ଧୁକରେ ଗୁଳି ରଖେନି
କବିତା ବୋମାରେ ବାରୁଦ ଭରେନି
ଯିଏ ଯେଉଁଠି ଯାହା ସହ ଲଢ଼ିଲେ ବି
କାଂଦକାଂଦ୍ ଦିଶେ କବିତା
ମନକୁ ବୁଝେଇ ପାରେନି।।

ନିଶାର୍ଦ୍ଧରେ କବିତା ସେଠି ପହଂଚେ
ଯୋଉଠି କାହାର କଟାମୁଣ୍ଡ
ଛିଟ୍‌କି ପଡ଼ିଥିବା ଆଖିଡୋଳା, ଆଂଗୁଠି
ଫାଟିଯାଇଥିବା ଛାତି, ଅନ୍ତବୁଜୁଳା ପଡ଼ିଥାଏ
ଛେଲାଛେଲା ମାଂସ, ରକ୍ତ, ହାହାକାର ପାଖରେ
ଗୁମୁରି ଗୁମୁରି କାନ୍ଦେ
ଭୟଂକର ସମୟର ଆର୍ତ୍ତ ଚିତ୍କାରକୁ ଆଉଁସୁଥାଏ।

କବିତା ପାଇଁ ଦେଶ ବୋଲି କିଛି ନଥାଏ
ମାନବିକତା ହିଁ ଦେଶ ବୋଲି ସେ ବୁଝିଥାଏ
ଯୋଉଠି ବି କ୍ଷତାକ୍ତ ହୁଏ ମାନବିକତା
ଔଦ୍ଧତ୍ୟ ଓ ଅହଂକାର ଛାରଖାର କରିଦିଏ ପୃଥିବୀକୁ
କବିତା ସେଠି ପହଂଚେ
ପ୍ରଶ୍ନ ପଚାରେ ଈଶ୍ୱରଂକୁ,
ସମ୍ରାଟଂକୁ,
ସିଂହାସନକୁ
ପ୍ରଶ୍ନର ଉତ୍ତର ନ ଥାଏ।

ବର୍ତ୍ତମାନ ଇତିହାସ ପାଲଟିଲାବେଳେ
ସିଂହାସନର ସ୍ମିତହସ ଓ ଉଲ୍ଲାସ
କବିତାକୁ ତଟସ୍ଥ କରେ
ଇତିହାସର ତମାମ୍ ଘଟଣା ଫାଙ୍କରୁ
ସ୍ତୂପ ସ୍ତୂପ ଅଘଟଣ ମେଳରୁ
ସଭିଂକୁ ହରେଇ
ଅନାଥ ପାଲଟିଥିବା ଶିଶୁଟେ ପଚାରୁଥାଏ
ମଣିଷ ଯୁଦ୍ଧ କାହିଁକି କରେ ?

କାନ୍ଦ ବ୍ୟତୀତ ଆଉ କ'ଣ ବା
ଅବଶିଷ୍ଟ ଥାଏ କବିତା ପାଖରେ ?

● ● ●

ସଂକ୍ରମଣ

କେତେ କେତେ ସଂଭାବନାରେ
ମାଡ଼ିଯାଉଚି ବାଲୁଚର ।

ଏ ସମୟ ବି ବଡ଼ ଜିଦ୍‌ଖୋର ।

ଦଳେ କୁଶଳୀ କାରିଗର
କାଳଖଣ୍ଡକୁ ସଜାଡ଼ିବାରେ ଲାଗିଛନ୍ତି
ନିଜ ମନମୁତାବକ
ତଥାପି ବ୍ୟାପିଯାଉଚି ସଂକ୍ରମଣର ଦୁଃଖ ।

ଝର୍କା କଡ଼ରେ ଛିଡ଼ାହେଇ ଚାହିଁରହିଚି ବାହାରକୁ
ଉଡ଼ାଣଖୋର୍ ପକ୍ଷୀ ଓ ମାତାଲ୍ ପବନ
ମତେ ଆଉ ଆନମନା କରୁନାହାନ୍ତି
ଚେତନରେ, ଅବଚେତନରେ ଭୟର କଦମ୍‌ତାଲ୍
ବାୟୁମଣ୍ଡଳରେ ସଂକ୍ରମଣର ସ୍ୱାକ୍ଷର ।

ବିଷାଦଗ୍ରସ୍ତ ପୃଥିବୀର ଫଟୋ ସବୁଠି,
ଖବରକାଗଜରେ, ଟିଭି ପର୍ଦ୍ଦାରେ
ଆହୁରି ଗହୀର ହେଉଚି ସମୟର କ୍ଷତ
ପ୍ରତିଟି ମଣିଷ ବଂଚିରହିବା ପାଇଁ

ମୋର ପ୍ରାର୍ଥନା ହୁଏତ ଯଥେଷ୍ଟ ନୁହେଁ
ପ୍ରତିଟି ମଣିଷ ବଂଚିରହିବା ପାଇଁ
ପାରୁପର୍ଯ୍ୟନ୍ତ ଚଳେଇଥିବା ସଂଘର୍ଷ
ହୁଏତ ଯଥେଷ୍ଟ ନୁହେଁ
ଇତିହାସ ପାଲଟିବାକୁ ବ୍ୟଗ୍ର ଏ ସମୟରେ
ମଣିଷର ସବୁ ଚେଷ୍ଟା ନିରର୍ଥକ
ସବୁଠି ଗୋଟେ ଅଦେଖା ପୃଥିବୀର ଛାୟାଚିତ୍ର ।
ସବୁଠି ମହାମୃତ୍ୟୁର ମନ୍ତ୍ରପାଠ ।

ପ୍ରସ୍ତପ୍ରସ୍ତ ଦୀର୍ଘଶ୍ୱାସରେ ଗଢ଼ା ଏ କବିତା
ଏକ ଆଶ୍ଚର୍ଯ୍ୟତମ ଆହ୍ଲାଦ ହେଇ
ହୁଏତ ଦିନେ ଉଜ୍ଜ୍ୱଳି ଉଠିବ
ହୁଏତ କବିତା ଇ ସଂକ୍ରମିଯିବ
ସାରା ସଂସାରରେ
ଏ ବିଷାଦରୁ,
ଏ ସଂକଟରୁ,
ଏ ମରଣଶୀଳ ସମୟ ପନ୍‌ଝାରୁ
ଉଦ୍ଧାର କରିବ ମଣିଷକୁ

ପୃଥିବୀ ପୃଥିବୀ ଭଳି ଦିଶିବ ।

ଯୁଦ୍ଧ ପରବର୍ତ୍ତୀ ସମୟ

ସିଂହାସନର ଦୃପ୍ତ ହସ
ନା ସମୟର ଅବଶୋଷ
ଇତିହାସରେ କ'ଣ ରହେ ଶେଷରେ ?

ନିଜ ନିଜର ଆଗ୍ରହ ମୁତାବକ
ଇତିହାସରୁ ଶବ୍ଦ ଅଣ୍ଡାଳୁଥିବା ଲୋକ
ଛୁଇଁପାରନ୍ତି କି ରକ୍ତଦାଗ, ଲୁହଦାଗ ?
ଧାଡ଼ି ଧାଡ଼ି ମଝିରେ ଥିବା ଫାଙ୍କାପଣ
ଅକ୍ଷର ଅକ୍ଷର ମଝିରେ ଥିବା ଶୂନ୍ୟତାରେ ବ୍ୟାପିଥାଏ
ଯୁଦ୍ଧଭୂଇଁର ଭୟାବହତା
ମଣିଷର ଆକୁଳ ଚିତ୍କାର
ରୁମ୍ ଟାଂକୁରି ଉଠେ
ଉଜୁଡ଼ି ଯାଇଥିବା ଗୋଟେ ଦେଶରେ
ଉଡୁଥାଏ ପତାକା ଆଉ ଗୋଟେ ଦେଶର,
ଗର୍ବର, ଅହଂକାରର, ଔଦ୍ଧତ୍ୟର, ଉଚ୍ଛୃଙ୍ଖଳତାର ।

ଯୁଦ୍ଧବେଳେ ଅବୋଧ ଶିଶୁମାନେ
କରୁଥାନ୍ତି କ'ଣ ?
ବନ୍ଧୁକ ଗୁଳିରେ ଲୋଟିପଡ଼ିଥାନ୍ତି ବାପମା'
ବୋମାମାଡ଼ରେ ଧ୍ୱଂସ ହେଇଯାଇଥାଏ ଘର ଓ ସହର
ଅକସ୍ମାତ୍ ବର୍ତ୍ତିଯାଇଥିବା ଶିଶୁମାନେ
ବିଧ୍ୱସ୍ତ ଭୂଇଁଉପରେ ବସିରହନ୍ତି ଦିନ ପରେ ଦିନ

ପୁଣି ନିଖୋଜ ହେଇଯାଉଥାନ୍ତି।
ସମ୍ରାଟଙ୍କୁ ଫରକ୍ ପଡ଼େନା।

ଆଂଗୁଠିର ଟିପ ଛୁଇଁଲାମାତ୍ରେ
ନିମିଷକରେ ଶ୍ମଶାନରେ
ବଦଳିଯାଉଥାଏ ଦେଶ,
ସମ୍ରାଟଙ୍କ ନିର୍ଦ୍ଦେଶ ଶିରୋଧାର୍ଯ୍ୟ।

ଗୋଟିଏ ଶିଶୁ ଆଖିର ଭୟାର୍ତ୍ତ ଚାହାଣି
ଇତିହାସରେ ସ୍ଥାନ ପାଇ ପାରେନା।
ମୁହୂର୍ତ୍ତ ମୁହୂର୍ତ୍ତର ବିବରଣୀ ଇତିହାସ ରଖେନା।

ତମ ଆମର ନୀରବତା ଭିତରକୁ ହୁଏତ
ସେ ଚାହାଣି ଅତର୍କିତ ପଶିଆସିପାରେ
ଓ ଆମକୁ ଅନ୍ଧ କରିଦେଇପାରେ ନିମିଷକରେ

କଥାର ଖିଅକୁ ବେଶୀବେଳ ଧରିରଖିବା
ଅଭ୍ୟାସ ନୁହଁ ଆମର
ଯୁଦ୍ଧ ପରବର୍ତ୍ତୀ ସମୟରେ
କୋଉଠି ହାହାକାର ତ
କୋଉଠି ହସରୋଳର ସ୍ୱାଭାବିକ୍ ସଂସାର

ସମୟ ସଦା ନିରୁତ୍ତର।

ଗଣତନ୍ତ୍ର ଦିବସ

ବୁନ୍ଦି, ସେଓ କି ଚକୋଲେଟ୍‌କୁ
ଜାନୁଆରୀ ଛବିଶ୍ ବୋଲି ଭାବିନେଉଥିବା
ପିଲାଂକ ଉଲ୍ଲାସ ଦେଖି ତାଜୁବ୍ ହୁଅନା।

ପିଲାଏ ଖୁବ୍ ନିରୀହ
ତ୍ରିରଂଗା ପତାକା ତଳେ ଛିଡ଼ାହେଇ
ଜନ ଗଣ ମନ ବୋଲିଲାବେଳେ
ତାଂକ ସୁରରେ ଲହଡ଼ି ଭାଂଗୁଥାଏ
ଯୋଉ ଦେଶ
ତାକୁ ଦେଖି ଚମକି ପଡ଼ନା।

ଧାଡ଼ିବାନ୍ଧି ପରେଡ୍‌ରେ ଚାଲୁଥିବା
ଏକା ତାଳରେ ବନ୍ଦେ ମାତରଂ କହୁଥିବା ପିଲାଏ
ବୁନ୍ଦିମୁଠାକ ପାପୁଲିରେ ଜାକିଧରିଲାଭଳି
ନିଜ ନିଜର ଅଭ୍ୟଂତରରେ
ଦେଶକୁ ଧରି ଚାଲୁଥାନ୍ତି
ଖୁବ୍ ସତର୍କରେ, ସଂଭ୍ରମରେ
ପୁଣି ସ୍ପର୍ଦ୍ଧାର ସହ।

ଜାନୁଆରୀର ଜାଡ଼ ତାଂକୁ ଜଡ଼ କରିଦିଏନା
ପ୍ରସାରିତ ଦିଗ୍‌ବଳୟ ତାଂକ ଦୃଷ୍ଟିକୁ
ଆହୁରି ବ୍ୟାପକ କରେ
ପିଲାଂକୁ ଭାବିନିଅନା
କାହା ହାତର ଖେଳନା ।

ପିଲାଂକୁ ଉଲ୍ଲସିତ ହବାକୁ ଦିଅ
ତାଂକ ଧୁନ୍‌ରେ
ପିଲାଂକୁ ଭୋଗିବାକୁ ଦିଅ ଦେଶକୁ
ତାଂକ ସ୍ୱଚ୍ଛନ୍ଦରେ
ମହକିଯିବାକୁ ଦିଅ
ତାଂକ ନିରୀହପଣର ବାସ୍ନାରେ ।

ପରଦିନର ଖବରକାଗଜରେ
ପିଲାଂକୁ ଚିତ୍ର କରିଦିଅନା ।

ଅର୍ଦ୍ଧପାଗଳ

ଗାଈର ଆତ୍ମକାହାଣୀ, ବସନ୍ତଋତୁ,
ନଈବଢ଼ି, ଘରପୋଡ଼ି କଥା ଲେଖୁଲେଖୁ
ମାଡ଼ିଗଲି କୁଆଡ଼େ ନା କୁଆଡ଼େ।

ଏବେ ଯାହା ଲେଖୁଚି
ସେଗୁଡ଼ା ତୁଚ୍ଛା ଭାବପ୍ରବଣତା।

ଖେଳପଡ଼ିଆରେ ଖେଳୁଥିବା
ଦଳେ ବଗୁଲିଆ ପିଲା
ପଶିଆସୁଛନ୍ତି ମୋ କବିତା ଭିତରକୁ।
ତାଂକ ଖେଳ ଦେଖୁଦେଖୁ ମୁଁ ପହଂଚିଯାଉଚି
ସ୍କୁଲ୍‌ର ଖେଳପଡ଼ିଆରେ
ମାତିଯାଉଚି ବୋହୂଚୋରୀ, ଲୁଚକାଳି,
ଡାଳମାଂକୁଡ଼ି ଖେଳରେ।
ହେଇଟି ଆଣ୍ଠୁ ଛିଡ଼ି ରକ୍ତ ଝରିଲାଣି
ନିଘା ନାହିଁ ମୋର।
କୋଉଠି, କେମିତି ପଡ଼ିଲି କେଜାଣି ?

ଆକାଶରେ ଉଡ଼ିଯାଉଥିବା ଦଳକଯାକ ପକ୍ଷୀ
ଆସି ବସିପଡ଼ିଲେଣି ମୋ ଆଖିପତାରେ
ନିଜ ନିଜର ନୀରବତାକୁ ଖୁମ୍ପିଚାଲିଲେଣି

କ'ଣ କଥା ହଉଛନ୍ତି ସେମାନେ,
କୋଉ ଭାଷାରେ ?

ଫେରିବାଲାର ଡାକ ଶୁଭୁଚି ଝର୍କା ସେପଟୁ।
ଶୂନ୍‌ପାମ୍ପୁଡ଼ିବାଲାର ବି।
ମୁଁ ତରବର ହେଇ ଉଠିଯାଉଚି
ପାଠ ମଝିରୁ, ଅଧାଖିଆରୁ, ଅଧାନିଦରୁ
ଗାଳି ଶୁଭୁଚି ବାପାଙ୍କର,
ଟିକକ ପରେ ବସିବ ମାଡ଼
ଆଉ କିଛି ପଶିବ ନାହିଁ ମୁଣ୍ଡରେ।
ସେ ଫେରିବାଲା, ଶୂନ୍‌ପାମ୍ପୁଡ଼ିବାଲାଙ୍କ ଡାକ
ରହିରହିକା ଶୁଭିଯାଉଚି,
ଉଠିଯାଇ କବାଟ ଖୋଲିଦଉଚି ତ କେହିନାହିଁ
ସେ ଡାକ ନା ଡାକର ଭ୍ରମ,
ଭାଳିହଉଚି।

କବିତା ଲେଖିଲେ ଏମିତି ହୁଏ,
କହୁଛନ୍ତି କେହି କେହି
ଅଧା ଜାଗ୍ରତ ଅଧା ନିଦ୍ରିତ ଅବସ୍ଥାରେ
ବୋଧେ ମୁଁ ଜୀଉଁଚି
ମତେ ସଂସାର ଅର୍ଦ୍ଧପାଗଳ କହୁଚି।

ମହାକଳ୍ପନା

ଖବରକାଗଜ ପୃଷ୍ଠାରୁ ବାହାରିଆସିଚି
ଫାଟିଯାଇଥିବା ଆଖିଡୋଳାଟେ ।
କାହାର କେଜାଣି ?

ବୋମାମାଡ଼ରେ ଛିନ୍‌ଛତ୍ର ହେବାପୂର୍ବରୁ
ସେ ବି ତ ଥିବ ଅବିକଳ
ଯେକୌଣସି ମଣିଷର ଆଖି ପରି
ସେ ଆଖିରେ ପୃଥିବୀକୁ ଯେମିତି ଦେଖିଥିବ ସେ
ଆମର ପୃଥିବୀ ହୁଏତ କିଛିଟା ସେପରି
ବା ଆଦୌ ସେପରି ନୁହଁ
ଅଥଚ ତା' ଦେହରେ ବହୁଥିବା ରକ୍ତ
ନିଶ୍ଚୟ ଏକାପରି ।

ସେ ଆଖିଡୋଳା ଦର୍ପଣଟେ ସତେ ଯେମିତି
ଯାହାସବୁ ଉକୁଟିଉଠୁଚି ତା' ଦେହରେ
ଥରି ଯାଉଚି ଛାତି
ରକ୍ତ ପାଣି ଫାଟିଯାଉଚି ।

କେଡ଼େ ବୀଭତ୍ସ ପାଲଟିପାରେ
ମଣିଷର ତୁଚ୍ଛା ଅହଂକାର
କ୍ଷମତାର ନିଶା କେମିତି କରିଦେଇପାରେ
ସୃଷ୍ଟିକୁ ଛାରଖାର
ସେ ଦର୍ପଣ କହୁଚି ।

ସେ ଦର୍ପଣରେ ମୋ ନିଜର ମୁହଁ
ଦେଖୁଚି ମୁଁ
ମୋ ଭିତରର
ସବୁ ଲୋଭ, ସବୁ ଲାଳସା
ନିମିଷକରେ
ମିଳେଇଯାଉଚି କୁଆଡ଼େ
ମୁଁ ସ୍ତବ୍ଧ ପାଲଟିଯାଉଚି ।

ପ୍ରତି ମଣିଷର ଆତ୍ମାରେ
ଖଂଜି ହେଇଯାଆନ୍ତା କି ଏ ଦର୍ପଣ
ସ୍ୱଚ୍ଛ ଦିଶନ୍ତା ଅଭ୍ୟଂତର
ମଣିଷ ହୁଏତ ମଣିଷ ଭଳି ଜୀଇଁନ୍ତା
ହୁଏତ ପୃଥିବୀ ଆହୁରି ଟିକେ ସବୁଜ,
ଆହୁରି ଟିକେ ସୁନ୍ଦର ଦିଶନ୍ତା ।

ଦୁଃଖମାନଙ୍କୁ ଧାଡ଼ିରେ ଛିଡ଼ାକରି

ନିଶାରେ ଟଳମଳ ହଉଚି।
ଜୀବନକୁ ଧୀରେଧୀରେ ସୋଡ଼କୁଚି।

ହୁଏତ ମୁଁ ନିଦରେ ଅଛି
ବା ଅଛି ନିଶାରେ
ସଂସାର ମତେ କୋଉ ଆଖିରେ ଦେଖୁଚି ?
ମୁଁ କି ଜାଣିଚି ?

ନିଦରେ ଚାଲିବାର ବି ଗୋଟେ ଅଲଗା ମଜା ଅଛି।
ଚାଲିଚାଲି ମୁଁ ପହଂଚିଯାଏ
କେବେ ବି ସତ ହେଇନଥିବା ସ୍ୱପ୍ନ ପାଖରେ
'ଆହାରେ ସ୍ୱପ୍ନ ମୋର ଜୀବନ ଧନ' ଗୀତ ଗାଏ
ପାଦ ପଡୁଥାଏ ଏଣେ ତେଣେ ବେତାଳରେ।

ଦୁଃଖ ଭୁଲିବାର ୟାଠୁଁ ସହଜ ବାଟ
ଆଉ କ'ଣ ଥାଇପାରେ ?

ଦୁଃଖ କଥା ଉଠିଲା ତ ମନେପଡ଼ିଲା
ଦିନେ ଦୁଃଖଙ୍କ ତାଲିକା କରୁଥିଲି ବସି ଫୁର୍ସତ୍‌ରେ

ତାଂକୁ ପୁଣି ଧାଡ଼ି କରି ଛିଡ଼ା କରେଇଲି
ଆତ୍ମାର ବାରନ୍ଦାରେ
କେଜାଣି ତାଂକ ଆଖିରେ କ'ଣ ଦିଶିଗଲା ମତେ
ମୁଁ ପଡ଼ିଗଲି ସେମାନଙ୍କ ମାୟାରେ।

ସେଇ ମାୟା ମତେ ବାୟା କଲା
ଲୋକେ କହିଲେ ଦୁଃଖକୁ କିଏ
ଭଲପାଇଲାଣି ଏମିତି ଏ ଦୁନିଆରେ ?
ଲୋକେ ମତେ ପାଗଳ ଡାକିଲେ।

ଲୋକେ ଜାଣନ୍ତିନି
କିଛି ପାଗଳଙ୍କ ପାଇଁ ତିଷ୍ଠିରହିଚି ଏ ଦୁନିଆ
ନିଜ ଭିତରେ ପାଗଳାମି ନଥିଲେ
ମଣିଷ ବଂଚି ଥାଉଥାଉ ମରିଯାଏ

ଲୋକଙ୍କୁ ବୁଝେଇବା ବି କେଡ଼େ କଠିନ
ଆଜିର ସମୟରେ !

ପାପ

ଗୋପନତମ ପାପଭିତରୁ ଝାଡ଼ିଝୁଡ଼ିହୋଇ
ମୁଁ ଉଠିଆସେ।

ସୂର୍ଯ୍ୟକିରଣରେ ଦାଉଦାଉ ଦିଶେ।
ମୋ ବିଶ୍ୱାସର,
ବିଷାଦର,
ବିରୋଧାଭାସର ଅର୍ଥହୀନତାକୁ
ଗାଢ଼୍ କରେ।
ଉତ୍ତେଜନାରେ,
ଉନ୍ମାଦନାରେ
ଉଚ୍ଛନ୍ନ, ଉଦ୍‌ଭ୍ରାନ୍ତ ହୁଏ।

ଅନ୍ଧାର ଘୋଡ଼ିହୋଇ ଶୋଇବା
ସହଜରେ ବିଳାସ ପାଲଟିଯାଏ।
ପାପର ଅନେକ ସଂଜ୍ଞା ଭିତରୁ
ମୋ ପାପକୁ କିଏ କୋଉ ନାଁ ଦିଏ
ମୋର କି ଯାଏ ?

ପାପ ପାଲଟେ କି ପଶ୍ଚାତ୍ତାପ
ତାପ ପାଲଟେ କି ତପସ୍ୟା
ରାଗ ପାଲଟେ କି ରହସ୍ୟ
ସମୟର ଉଲ୍ଲାସ ସାମ୍ନାରେ
ମୁଁ ଗୋଟେ ଅବାଂଛିତ ସଂଜ୍ଞା।
ଥିବା ଓ ନ ଥିବାର ଦେହଟିକୁ ଭୋଗୁଥିବା
ଗୋଟେ ଆଦିମ ଦରଜ।

ସ୍ଫୁଲିଂଗ ନୁହଁ
ସ୍ଥିତପ୍ରଜ୍ଞ ପାଲଟିବା
ବିଧିନିର୍ଦ୍ଦିଷ୍ଟ କପାଳ ବୋଲି
ନିଜକୁ ବୋଧ ଦିଏ।

ଅନ୍ଧାରର ବି ଦୁଃଖ ଥାଏ
ଦୁଃଖର ଜୀବନ ଥାଏ।

ଛାଇ(୧)

ବେମାରିରେ ପଡ଼ିଲାବେଳେ
କେତେଥର ମନେପଡ଼ିଯାଏ ତା' ମୁହଁ।

କାହିଁକି ମନେପଡ଼େ କହିବା ସହଜ ନୁହଁ।

ଏମିତିରେ ତ ମୁଁ
ମୋର ଶ୍ରେଷ୍ଠ ଓ ସୁନ୍ଦରତମ ବେଶକୁ ପିନ୍ଧି
ରାସ୍ତାକୁ ଓହ୍ଲାଇଯାଏ
ପ୍ରତିଦିନ କେତେ ଭାଗଦୌଡ଼୍ର ଜୀବନକୁ
ବାଂଟେ, ବରବାଦ୍ କରେ।
ମନେପଡ଼େନି ତା' କଥା।

ଏମିତିକି କାହାକୁ ଉପହାର ଦବାକୁ
ବଜାରରୁ ବାଛିବାଛି
ନାଲି ଗୋଲାପ କିଣିଲାବେଳେ
କି ସିନେମା ହଲ୍‌ରେ ବସି
କାହାଣୀରେ ମଜ୍ଜି ଗଲାବେଳେ ବି
ମନେପଡ଼େନି ତା' କଥା।

ଖାଉଖାଉ କାମୁଡ଼ି ଦେଲେ ଜିଭ
ହଠାତ୍ ମନକୁ ପଶିଆସେ ସିଏ
ବୋଧେ ମତେ ବି ମନେପକଉଥାଏ,
ଭାବିନିଏ।

ଅପରାହ୍ନରେ ମୋ କାନ୍ଧରେ
ବେତାଳ ଭଳି ସବାର୍ ହୋଇ
ଆସିଥିବା କ୍ଳାଂତି
ଯେବେ ଘରେ ପହଂଚେ
ସତ କହୁଚି
ମୋର ଆଦୌ ମନେପଡ଼େନି ତା' କଥା
ସିଏ ମୋର କିଏ ଯେ ?

କେବଳ ରାତିଅଧରେ
ହଠାତ୍ କେବେ କେମିତି ନିଦ ଭାଂଗିଗଲେ
ବା ଜ୍ୱରରେ କଂପିଲାବେଳେ ଲାଗେ
ସେ ଯେମିତି ଛିଡ଼ାହେଇଚି
ମୋ ଖଟ ଦାଢ଼ରେ।

କହୁଚି,
ଜ୍ୱର ତ ହବାର ଥିଲା ବର୍ଷାରେ ତିନ୍ତିଲେ
ନିଦ ହବ କେମିତି
ଯାଡୁସାଡୁ ଗୁଡ଼ାଏ ବାଜେ ଚିନ୍ତା ମୁଣ୍ଡକୁ ନେଲେ !

ମୁଁ ଚମକି ପଡ଼େ
କେହି ନଥାଏ କୋଉଠି ?

କେଜାଣି କାହିଁକି
ଛାଇ ଏମିତି କଲବଲ କରେ !

●●●

ସୁଖ

ଅନେକଦିନୁଁ ଝର୍କା ଖୋଲିନି
ଏଇ ନିବୁଜ କୋଠରିରେ ମୁଁ ଅଛି
ବଂଚ଼ିଛି, ବଂଚ଼ିଥିବାର ଉପକ୍ରମ କରୁଛି।

ଉଆସରେ ରହୁଥିବା ଲୋକ କି ସୁଖୀ !
ଭାବୁଥିବା ଲୋକମାନେ ଜାଣନ୍ତିନି
ହାଲୋଳ ଆଲୁଅ ବି
ଆଖିକୁ ଜଳକା କରିଦିଏ
ବାଟବଣା ହୋଇଯାଉଥିବା ଲୋକର ଅସହାୟତାକୁ
ସେମାନେ ଅୟସ ଭାବନ୍ତି
ଅନ୍ୟମନସ୍କତାକୁ ଭାବନ୍ତି ଅହଂକାର।

ଏଇ କୋଠରିର ଆଲୁଅ ଯେ
କ୍ରମଶଃ ଅନ୍ଧ କରିଦେଉଥାଏ ମତେ
କାନ୍ଥ ବାଡ଼ରେ ବାରମ୍ବାର
ଧକ୍କା ଖାଉଥାଏ ମୋର ଅସ୍ତିତ୍ୱ !

ଅସ୍ତିତ୍ୱର ତୁକୁଡା ତୁକୁଡା ଅଂଶ
ଏଠୁ ସେଠୁ ଗୋଟେଇଗାଟେଇ
ଛିଡ଼ା କରଉଥାଏ ମୁଁ କି ସୁନ୍ଦର ଭାବରେ
ଲୋକ ଜାଣନ୍ତିନି।

କୋଉଠି ମୋ ନିରବ ଆର୍ତ୍ତନାଦ
କୋଉଠି ମୋ କଇଁକଇଁ କାନ୍ଦ
କୋଉଠି ମୋ ବିକଳ ବାହୁନା
ପୁଣି କୋଉଠି କାଂଦିନପାରି
ଜଡ଼ ପାଲଟିଯାଇଥିବା ମୁହୂର୍ତ୍ତ
କାଂଥଯାକ ନେସି ହୋଇଥାଏ।
କାଂଥଯାକ ଲାଗିଥିବା
ଏ ଭଳିକି ଭଳି ରଙ୍ଗ
ସମ୍ଭବତଃ କାହା କାହା ଆଖିକୁ ଦିଶେ
ଆବସର୍ଡ ଆର୍ଟ ଭଳି
ଲୋକ ତାରିଫ୍ କରନ୍ତି
କୋଲାଜର, କୋଠରିର,
କାଂଥର, କାରୁକାର୍ଯ୍ୟର।

ଲୋକମାନଙ୍କ ନିରୀହତା
ବଡ ବିଚିତ୍ର ବାଗରେ
ମତେ ଆନମନା କରେ।
ମୁଁ ହସେ ତ ଲୋକ ଭାବନ୍ତି
କେଡେ ପରିପୂର୍ଣ୍ଣ ଜୀବନ ମୋର !
ଲୋକ ଜାଣନ୍ତିନି
ବିଷାଦକୁ ବିଳାସ ଚିହ୍ନେଇପାରିଲେ
ବଂଚିବା ହୋଇପାରେ
ସ୍ୱାଭାବିକ, ସୌଖୀନ ଓ ସୁଖକର !

ଲୋକଙ୍କ ଭାବନାରେ ସୁଖର ସଂଜ୍ଞା
ଏମିତି ଦାଉଦାଉ ଦିଶୁଥାଉ ଚିରକାଳ।

କବିତାର ପ୍ରେମରେ

ଏମିତି ନୁହଁ ଯେ ଏଇମାତ୍ର
କବିତାର ପ୍ରେମରେ ପଡୁଚି ମୁଁ।

ପ୍ରେମରେ ପଡ଼ିଲେ
ମଣିଷ ଟିକିଏ ଅଧିକ ସାହସୀ ହୁଏ
ବୋଧହୁଏ ହୁଏ ଟିକିଏ ଅଧିକ
ଲଜ୍ଜାଶୀଳ
ଓ ଲାଲ୍
ଓ ଜିଦ୍‌ଖୋର୍।

ସ୍କୁଲ୍‌ରେ ପଢ଼ିଲାବେଳେ
ସାଂଗମାନେ ଭାବିଲେ
ବୋଧହୁଏ କୋଉ ପୁଅର ପ୍ରେମରେ
ପଡ଼ିଯାଇଚି ମୁଁ।
ଅନ୍ୟମନସ୍କ ରହୁଚି
ଉଦାସ ଓ ଉଦ୍‌ବିଗ୍ନ ଦିଶୁଚି ତ
ଉଚ୍ଛନ୍ନ, ଉଲ୍ଲସିତ ହେଇଯାଉଚି।

କଲେଜରେ ପଢ଼ିଲାବେଳେ ତ
କିଏ କିଏ କହିବାର ଶୁଣିଲି
ଝିଅଟା ପୁରାପୁରି ନଷ୍ଟ ହେଇସାରିଚି।

ଚରିତ୍ର ବୋଲି କ'ଣ କିଛି ଅଛି ?
ରାତିରାତି ଉଜାଗର ରହି
ବୋଧେ ପ୍ରେମିକକୁ ଚିଠି ଲେଖୁଚି,
ଗୁଣୁଗୁଣୁ ହେଇ ପ୍ରେମିକ ସହ ଗପୁଚି ।

ଦରବୁଢ଼ୀ ବୟସରେ
ସଂସାର ମତେ ରଖିଦେଲା
ତା' ବିରକ୍ତିରେ, ଅସନ୍ତୋଷରେ ।
କହିଲା ଅଘୋରୀଟା, ଏ ବୟସରେ
କେହି ଏମିତି କାହାକୁ ନେଇ
ଘାରି ହୁଏ ? ଘୋରି ହୁଏ ?
କେହି କୁଆଡ଼େ ନଥିଲାବେଳେ
ମନକୁ ମନ ଗପୁଥାଏ, ହସୁଥାଏ !
ହଃ, ଦୋଚାରୁଣୀଙ୍କର ସଂସାରପ୍ରତି
ବା କି ଦାୟ ଥାଏ ?

ମୁଁ ଶୁଣିଚି ସବୁ ।
କବିତାଠୁଁ ବାଟ ଭାଂଗି ଯାଇପାରିନି

ଅଧିକ ଅଧିକ ଦ୍ରବୀଭୂତ ହେଇଚି
କବିତାର ପ୍ରେମରେ ।
ଟଳମଳ ହେଇଚି ନିଶାରେ ।

ଛଳ

କାହିଁକି କେଜାଣି ଆଜି ପୃଥିବୀ
ପୁଣି ଟିକିଏ କୁହୁଡ଼ିଆ ଦିଶିଲା ।
କୁହୁଡ଼ିଆ ନା ଅଂଧାରିଆ !
ଲାଗିଲା ଯେମିତି ସେ ଅଂଧାର ପଛରେ
ଛିଡ଼ାହେଇଚି କେହିଜଣେ
ଯୋଉଜଣକ ମତେ ପ୍ରଥମେ ଚିହ୍ନେଇଥିଲା
ପୃଥିବୀ ସୁନ୍ଦର ବୋଲି,
ପ୍ରଥମକରି ମୁଁ ମୁଗ୍ଧଚକିତ ଦିଶିଲି
ଦିଶିଲି ତୃପ୍ତ, ଆହ୍ଲାଦିତ ।

ସେ ପୃଥିବୀର ଖେଳପଡ଼ିଆ ଉପରେ
କେଜାଣି କେତେପ୍ରକାର ଖେଳରେ ମାତିଲି ।
ଜୀବନ ଯେ ବିଷାଦର ଭଣ୍ଡାରଘର
ଏକଥା ସେବେଳରେ ବୁଝିଥାନ୍ତି କାହୁଁ !
କାହୁଁ ବା ହେଜିଲି ଅପରାହ୍ନର ଟାଣ୍ ଖରା
ପୋଡ଼ିଦବ ଯେତେ ସ୍ୱପ୍ନ, ଯେତେକ କାମନା !
ମୋ ସହିତ ହାତଧରି ବାଟ ଚାଲୁଥିବା ଛାଇ
କୁଆଡ଼େ ଅଦୃଶ୍ୟ ହେଲା ?
ଏବେ ଯେତେ ଦୁଃଖ, ଯେତେକ ଯାତନା ।

ଦିନାକେତେ ସେ ଦୁଃଖକୁ ନେଇ
ଖୁବ୍ ଭାଳି ହେଲି।
ସେ ଛାଇକୁ ବି ନେଇ।
ଦିନା କେତେ ସ୍ୱପ୍ନରେ ଆସିଲା ସେ ଛାଇ।
ତା' ପାଟିରେ ପଦୁଟେ ଭାଷା ନ ଥିଲା।
ମୋ ପାଟିରେ ବି।
ମୋ ଆଖିରୁ ବୋହି ପାରୁ ନଥିବା ଲୁହରେ
ମୁଁ ଆଂକିବାକୁ ଚାହୁଁଥିବା ଚିତ୍ରର ପ୍ରତିଛବି
ସେ ଛାଇର ଆଖିଡୋଳାରେ ଦେଖି ଚମକି ପଡ଼ିଲି।
ଏମିତି କେତେ ରାତି, କେତେ ସ୍ୱପ୍ନ
ପାହିଗଲା ଓ ସକାଳ ହେଲା।
ଜୀବନ ତ ଅଟକିଯାଏନା
ଛୋଟମୋଟ ଘଟଣା ଦୁର୍ଘଟଣାରେ,
ମୋ ଭିତରୁ ଓ ସଂସାରରୁ କେହିଜଣେ
ବରାବର ମତେ ବୋଧ ଦେଉଥିଲା।

ଲୋକେ ଭାବୁଥିବା ଅଥଚ
ଆମେ କେବେବି କରିନଥିବା ପାପ ଭିତରେ
ହଜିସାରିଥିବା ସମୟ ଭିତରୁ ମୁଁ ଉଠିଆସିଲି
ମୋ ଭିତରେ ଭଳିକି ଭଳି ମୁଁ
କେବେ ପକ୍ଷୀ ଭଳି
କେବେ ପ୍ରଜାପତି ଭଳି

କେବେ ପୁଣି ପଥରମୁଣ୍ଡାଏ ଭଳି
କେବେ ପାଣି ବୁଦ୍‌ବୁଦ୍ ଭଳି
ସବୁ 'ମୁଁ'କୁ ନେଇ ଭିନ୍ନ ଭିନ୍ନ ପ୍ରକାରେ
ବଂଚିବାର କଳା
ସମୟକ୍ରମେ ମୁଁ ଶିଖିଗଲି ।
ହୁଏତ ପୃଥିବୀ କହିଲେ
ଆମେ ପିଲାଦିନେ ଘୋଷିଥିବା
କମଳାଲେମ୍ବୁ ପରି ଚେପ୍‌ଟା ଆକାରର ।
ମୋର ଜୀବନ ବି ସେଇ ସମାନପ୍ରକାର,
ନିର୍ଦ୍ଦିଷ୍ଟ କକ୍ଷପଥରେ ଘୂରୁଥିଲେ ବି
ପ୍ରତେ ହେଉଥାଏ ସେମିତି ସ୍ଥିର ଓ ସୁଂଦର
ତେଣୁ ସହଜ ଓ ସ୍ୱାଭାବିକ ଚତୁଃପାର୍ଶ୍ୱ ମୋର ।

କାହିଁକି କେଜାଣି ଆଜି
ପୃଥିବୀ ପୁଣି ଟିକିଏ ଅଂଧାରିଆ ଦିଶିଲା ।
ବୋଧହୁଏ ଅଂଧାର ପଛର
ସେ ଛାଇର ଆଖିଡୋଳାରେ
ସେଦିନର ମୁଁ ଆଂକିବାକୁ ଚାହୁଁଥିବା
ଚିତ୍ରର ପ୍ରତିଛବି ନୁହଁ,
ବିବାକ୍ ଅଂଧାର ହିଁ ଥିଲା,
ଯାହା ମତେ ସେଦିନ ନିଦ ବାଉଳାରେ
ଚିତ୍ର ପରି ମନେ ହୋଇଥିଲା ।

• • •

ନିରୁଦ୍ଦିଷ୍ଟ

କବିତାର କିଟିମିଟିଆ ଜଙ୍ଗଲରେ
ଅନେକ ବାର ହଜିଯାଇଚି।
ହଜିଯିବା ଗୋଟେ ବିଳାସ
କିଏ କିଏ କହୁଥିବାର ଶୁଣିଚି।

● ● ●

ଏଣିକି ମୁଁ ଅବିକଳ ମୋ ପରି ଦିଶିବି

ଏଣିକି ମୁଁ ଅବିକଳ ମୋ ପରି ଦିଶିବି ।

ମୋ ଚିତ୍କାର ହୁଏତ
ବଦଳେଇ ଦେଇନପାରେ ଇଚ୍ଛା, ସମୟର
ହୁଏତ ମୋ କାମନା ବଦଳେଇ ଦେଇନପାରେ
ପୃଥିବୀର ସବୁ ଫୁଟିଆସୁଥିବା କଢ଼କୁ, ଫୁଲରେ
ମୋ ଭରସାଯୋଗ୍ୟ ଶବ୍ଦ ହୁଏତ ପହଂଚିନପାରେ
ପ୍ରତ୍ୟେକ ଅସହାୟ ମଣିଷର ଦୁଆରେ

ମହାକାଳର ମୁରୁକିହସା ଭିତରୁ
ମୁଖାଖୋଲି ତଥାପି ମୁଁ ମାତିବି ।

ବର୍ଷବର୍ଷଧରି ମୁଖାତଳେ ହସିଲି, କାନ୍ଦିଲି
ବିଧ୍ୱସ୍ତ, ବିପର୍ଯ୍ୟସ୍ତ ହେଲି
ସଭିଏଁ ଭାବିଲେ କି ସୁଖୀ ମୁଁ !
ଝଡ଼ବତାସ ଆସିଲେ
କି ଭୂମିକମ୍ପ ହେଲେ
କି ବନ୍ୟାମରୁଡ଼ି ପଡ଼ିଲେ
କି ଦେଶ ଛାରଖାର ହେଲେ

ମୋର ପରବାୟ ନାହିଁ
କେଡ଼େ ଟାଣ ମୋର ହୃଦୟ
ସବୁକୁ ସ୍ୱୀକାରି ନଉଚି
ସମାନ ଓ ସ୍ୱାଭାବିକ୍ ଭାବରେ ।

ମୋର ବିଶ୍ୱସ୍ତତାକୁ ତମେ ଆଂଗୁଠି ଦେଖାଅନି
ମୋର ପ୍ରେମ ଓ ପ୍ରତିବଦ୍ଧତାକୁ ପ୍ରଶ୍ନ ପଚାରନି
ବର୍ଷବର୍ଷର ଜଖମୀପଣ ଓ ମୌନତା
ଯେତେବେଳେ ମୁକ୍ତି ଖୋଜେ
ଖସିପଡ଼େ ମୁଖା

ମୋର ଅବିକଳ ମୋ ପରି ଦିଶିବା
ହୁଏତ ଲୋକଂକୁ ଆଶ୍ଚର୍ଯ୍ୟ ଓ ଅବିଶ୍ୱାସ୍ୟ ଲାଗିପାରେ

ନିଜ ପାଖରେ ନିଜର ଅନୁପସ୍ଥିତି ବୋହି ବୋହି
ଶେଷରେ ନିଜକୁ ଭେଟି ବାହାରିଲା ବେଳକୁ
ମୁଁ ନିଜେ ତ ଝୁଂଟିପଡୁଚି ନିଜ ପାଖରେ

ତମକୁ କ'ଣ କହିବି ?

ବେଗ

କ୍ଷୀପ୍ରରୁ କ୍ଷୀପ୍ରତମ ଧାଉଁଥିବା ଶବ୍ଦମାନଙ୍କୁ
ମୋର ଜୁହାର।

କଅଁଳ ଖରାରେ ଗୋଡ଼ ଲଂବେଇ ବସିଚି
ସୋଡ଼କୁଚି ଚା, ଅଳସ ଭାଂଗୁଚି।

ଜୀବନକୁ ଟିକିଏ ଟିକିଏ ରହିରହିକା ଜୀଉଁଚି।

ମୋ ମନର ନିଭୃତ କୋଠରିରେ
ତାଲା ଝୁଲୁଚି
ହୁଏତ ମୁଁ ଅପେକ୍ଷା କରୁଚି ଯେ
କେହିଜଣେ ଆସିବ ଓ ଆସିବାପୂର୍ବରୁ
ମୁଁ ଧୂଳି ଅଳନ୍ଧୁ ଝଡ଼ାଝଡ଼ିକରି
ଅତର ଛିଂଚି ମହକେଇଦେବି କୋଠରି ଭିତର,
ହୁଏତ ଆମେ ଗପିବସିବୁ
ଜୀବନର ଛୋଟ ଛୋଟ ଖୁସି ଓ ଦୁଃଖ
ପ୍ରାପ୍ତି ଓ ଅପ୍ରାପ୍ତି ବିଷୟରେ
ଦିନ ଓ ରାତିମାନଙ୍କ ବିଷୟରେ।

କିଏ ଆସିଲେ ସିନା !
ସେ କୋଉଜଣକ ଯାହାପାଇଁ
ମୁଁ ଅପେକ୍ଷା କରୁଚି
ଯାହା ସହିତ
ଅନ୍ତରଙ୍ଗ ଭାବରେ
ମୁଁ ଖୋଲିପାରିବି ନିଜକୁ
ଅତି ସହଜ ଭାବରେ !

ଶବ୍ଦମାନେ ବୋଲ ମାନିଲେ ସିନା !
ଦର୍ପଣରେ ଦିଶୁଥିବା ପ୍ରତିଫଳନ
କ'ଣ ନିଜର ହୋଇଥାଏ ସତରେ ?

ଶବ୍ଦମାନେ ଏବେ ବି ଦୌଡୁଛନ୍ତି କ୍ଷିପ୍ର ଗତିରେ ।

ଇଚ୍ଛାପତ୍ର

ନିଜ ଭିତରୁ ନିଖୋଜ ହେଇଯାଉଥିବା ନାରୀମାନେ
କାହିଁକି ପଶିଆସନ୍ତି କବିତାକୁ
ବିନା କିଛି ପ୍ରାକ୍ ସୂଚନାରେ !

ଫୁର୍ସତ୍ ପାଇଲେ
ମୁଁ ଅଳନ୍ଧୁ ଝାଡ଼ିବାରେ ଲାଗିଯାଏ ମନରୁ
ନାଇଁତ ଦର୍ପଣ କାଚରୁ ପୋଛୁଥାଏ ଧୂଳି
କାଳେ ସ୍ପଷ୍ଟ ଦେଖିପାରିବି ନିଜକୁ ତା' ଭିତରେ।
ନାଇଁତ ଧାଇଁଥାଏ ଶବ୍ଦଙ୍କ ପଛରେ
ପରିତ୍ରାଣ ପାଇବାର ରାସ୍ତା ଖୋଜୁଥାଏ କବିତାରେ।

ସେ ନାରୀମାନଙ୍କ ଇଚ୍ଛାପତ୍ର
ଫର୍ଦ୍ଦଫର୍ଦ୍ଦ ହେଇ ଜମାହୁଏ
ମୋ ଆତ୍ମା ଭିତରେ।
ରକ୍ତ ଜମାଟ ବାନ୍ଧିଯାଏ
ଏତେବେଶୀ ଥଣ୍ଡା ହେଇଯାଏ ହାଡ଼ଭିତର ଯେ
ମୁଁ ସତେକି ମୁଣ୍ଡାଏ ବରଫ ପାଲଟିଯାଏ।

ମୋ ନୀରବତାରୁ ଛିଟ୍‌କିପଡ଼େ ନିଆଁ
ମୋ ନିଜ ନିଆଁରେ ମୁଁ ନିଜେ ସେକିସାକି ହୁଏ।

ସେଇ ନିଆଁ ଯେବେ କବିତା ପାଲଟିଯାଏ
କେହି କେହି କୁହନ୍ତି କବିତାରେ ବି ହଉନା କାହିଁକି
ଏ ବିଜୁଳି ଓ ବଜ୍ରପାତ ଆଦୌ ଗ୍ରହଣୀୟ ନୁହେଁ।

କେହି ହୁଏତ ଜାଣେନା
ପ୍ରତି କବିତା ଗୋଟେ ଗୋଟେ ଇଚ୍ଛାପତ୍ର
ଯେଉଁଥିରେ ତାଲିକା ନଥାଏ ଇଚ୍ଛାର
ତାଲିକା ଥାଏ, ମୃତ ଇଚ୍ଛାମାନଙ୍କର।

ଅବଶ୍ୟ ଇଚ୍ଛାମାନେ ଯେ ମରନ୍ତି ନାହିଁ
ତାଙ୍କୁ ମାରିଦବାକୁ ପଡ଼େ
ତା' କିଏ କେମିତି ଜାଣିବ ?

ଇଚ୍ଛା ବୋଲି ଶବ୍ଦଟିଏ ଯେ ଅଛି
ଭାଗ୍ୟର ଭାଷାକୋଷରେ
ତା' ତ ପ୍ରାୟ ନାରୀ ଜାଣନ୍ତି ନାହିଁ,
ଜାଣିବାର ଆଗ୍ରହ ରଖନ୍ତି ନାହିଁ
ତମାମ ଜୀବଦ୍ଦଶାରେ !

କବିତା ପ୍ରତି

ନିଦ ଓ ପ୍ରେମ
ରୁଚି ଓ ଜହ୍ନ ସହ
କବିତାର କି ସଂପର୍କ ଅଛି ?
ସବୁବେଳେ ମୁଁ କବିତାଠୁଁ
ୟାର ଉତ୍ତର ଚାହିଁଚି ।

ନିଜ କୂଳରେ ଛିଡ଼ାହେଇ
ଉହୁଙ୍କିଚି ନିଜର ଅତଳତଳକୁ
ବାୟାବାତୁଳ ହେଇ ଧାଇଁଚି ଏଣେତେଣେ ।
ବସ୍‌ରେ, ବୈଠକଘରେ
କଚେରୀରେ, କୁମ୍ଭମେଳାରେ,
ବଜାରରେ, ବାଟଘାଟରେ
ଏତେ ଭିଡ଼ଭିତରେ ବି
ମୁଁ ଚାହୁଁଚି କବିତାକୁ
ଅତି ସନ୍ତର୍ପଣରେ
ଉତ୍ତର ଆଦାୟ କରିନେବି ଭାବୁଚି ତ
ସେ ମୁରୁକି ହସୁଚି ।

ରାତିରେ କାଳାତୀତ ହେଇ
ଦିନରେ କାଳଖଣ୍ଡଟି ଉପରେ
ମୁଁ ନାଚକୁଦ କଲାବେଳେ
ସବୁଦିନପରି ଶାନ୍ତ ଓ ଗମ୍ଭୀର ବାପାଙ୍କ ଭଳି
କବିତା ନିରେଖୁଚି ମତେ
କେଜାଣି କ'ଣ ଅଛି ସେ ଗଭୀର ଦୃଷ୍ଟିରେ ?

ପେଣ୍ଟ୍‌ରେ ମୁତି ଦବାର ବେଳ
ପାରକଲିଣି କେବେଠୁଁ।
ତଥାପି ଛାତି ଧଡ଼ପଡ଼ ହଉଚି
ନିଦକୁ
ପ୍ରେମକୁ
ରୁଟିକୁ
ଜହ୍ନକୁ
ଅର୍ଦ୍ଧ ଜାଗ୍ରତ, ଅର୍ଦ୍ଧ ସୁପ୍ତ ଅବସ୍ଥାରେ
କବିତା ସହ ଯୋଡୁଚି

ହଁ, କବିତା ଲେଖୁଚି।

ସହର(୨)

ଦିନେ ଏ ସହରରେ
ହଜେଇ ଦେଇଥିଲି
ମୋର ଆଖି ଦୁଇଟି।

ସେଦିନୁ ବାୟାବାତୁଳ ବୁଲୁଚି
ଦିନ,ରାତି, ଆକାଶ, ସମୁଦ୍ର
ପାହାଡ଼, ଜଙ୍ଗଲ
ସବୁକୁ ଏକାପରି ଭୋଗୁଚି।

ଜାଣିଜାଣି ହଜେଇ ଦେଇଥିବା
ମୋର ଆଖିଦୁଇଟି
ଏବେ ବିରାଟ ଦ୍ରୁମ ପାଲଟି
ଛିଡ଼ାହେଇଚି ସହର ଉପକଣ୍ଠରେ।

ସହର ମାଡ଼ିମାଡ଼ି ଚାଲିଚି
ଲୋକଂକୁ ଜଣାନାଇଁ
ସେ ଗଛର ଉତ୍ପତ୍ତି କଥା
ଖରାବର୍ଷାଶୀତକୁ ଭୋଗିଭୋଗି
ଲୋକଂକ ଆଡ଼ନଜରରେ
ତଥାପି ଛିଡ଼ାରହିଚି ସେ ଗଛ
କେଜାଣି କାହାର ଅପେକ୍ଷାରେ ?

ତମେ ଆଉ ରହୁଚ ନା ନାଇଁ
ଏ ସହରରେ ?

ପ୍ରେମ

ଯେତେବେଳେ ପ୍ରଥମ ଥର
ପ୍ରେମରେ ପଡ଼ିଲି
ଆକାଶ ଆହୁରି ନୀଳ ଦିଶିଲା,
ଆହୁରି ମିଛ କହିବା ଶିଖିଲି ମୁଁ
ଆହୁରି ବଂଚିବା ଶିଖିଲି।

ପ୍ରେମ ବଂଚିବା ଶିଖାଏ
ମିଛ କହିବା ଶିଖାଏ
ସଂଘର୍ଷ ଶିଖାଏ
ମୃତ୍ୟୁ-ଭୋଗ ବି ଶିଖାଏ।

ମୃତ୍ୟୁ-ଭୋଗର ଅଭିଳାଷ କି ତୀବ୍ର!

ନିର୍ଜନ ମନର ଅନ୍ତହୀନ ଆକାଶରେ
ଗୋଟିଗୋଟି ତରାଫୁଲ ସଜାଏ।

• • •

ଖେଳ

ଆଜିର ଖେଳ ଶେଷହବାକୁ
ଆଉ ମାତ୍ର ତିନି ମିନିଟ୍ ବାକି।

ଏଇ ତିନି ମିନିଟ୍ କେବେ ବି
ହାର୍-ଜିତ୍‌ର ନିର୍ଣ୍ଣାୟକ କାଳ ହେଇନପାରେ,
ଗୋଟି ଓଲଟି ଯାଇପାରେ
ଜିତିବାଲୋକ ଜିତୁ ଜିତୁ ହାରିଯାଇପାରେ
ଅବା ହାରିଯିବା ଲୋକ
ହାରୁହାରୁ ଜିତି ଯାଇପାରେ।

ଶେଷ କେଉଁଠିରେ ମେଣ୍ଟିବ
କିଏ ଜାଣେ ?
ନିଜର ବି ଅକ୍ତିଆର ନଥାଏ
ଶେଷ ଉପରେ
ଶେଷ ମେଂଟିବା ଉପରେ।

ଦିନ ନତମୁଖ ହୁଏ
ଖେଳ ସରୁନଥାଏ।
ତିନି ମିନିଟ୍ ପାର ହବାକୁ
ଆଉ କେତେ ବେଳ ?
କେତେ ବେଳ ?

ଖେଳ ସରାଏ କିଏ ?
ଦିନ ବି କିଏ ସରାଏ ?
ମୁଠା ଭିତରେ ବନ୍ଦ୍ ରହିଥିବା ଉତ୍କଣ୍ଠା
ଫୁର୍‌କିନା ଉଡ଼ିଯାଏ।
ଅପେକ୍ଷା କରିବା ଛଡ଼ା
କିଛି ଉପାୟ ନଥାଏ।
ଖେଳ ସରୁନଥାଏ।

ଛାଇ(୨)

ଥରେଥରେ ଦେହର ନୁହଁ,
ମସ୍ତିଷ୍କର ବି ଛାଇ ପଡ଼େ
ନିଜକୁ ଘଷିମାଜି ମସୃଣ କରୁଥିବା
ସମୟ ଉପରେ ।

ଚେଙ୍କ ଲାଗିଲାପରି
ଚାଉଁକିନା ହେଇଯାଏ ସମୟ ।

ଛାଇ ଚିତ୍କାର ପାଲଟେ ନାହିଁ
ସ୍ଲୋଗାନ୍ ପାଲଟେ ନାହିଁ
କି ପାଲଟେ ନାହିଁ ବୟାନ ।

ତଥାପି ନିଦ ହଜିଯାଏ ସମୟ ଆଖିରୁ
ଛାଇ ଦୀର୍ଘରୁ ଦୀର୍ଘତର ହେଇଚାଲୁଥାଏ ।

ଘୋଡ଼ାଦୌଡ଼

ଘୋଡାମାନେ ଦୌଡୁଛନ୍ତି , ମୁଁ ଦେଖୁଚି ।

ଘୋଡ଼ାମାନଙ୍କ ସହ ତାଳଦେଇ
ମୁଁ ଦୌଡ଼ି ପାରିବି ନାହିଁ
କାରଣ ଦୌଡିବା ଗୋଟେ ନିଶା
ଏ ନିଶା
ମଣିଷକୁ ବିଖ୍ୟାତ କରେ ତ
ପୁଣି ବର୍ବାଦ ବି କରିଦିଏ ।
ବିଖ୍ୟାତ ହୁଏ କି ବର୍ବାଦ ହୁଏ
କାଳେ ମଣିଷ ହେଇ ନ ରହିବି
ପ୍ରତିଥର ଏଇ ଭୟଟି ମତେ ଘାରେ ।

ଘୋଡାମାନେ ଦୌଡୁଥାନ୍ତି କ୍ଷିପ୍ର ଗତିରେ
ମଣିଷର ମନଠୁଁ ଆହୁରି କ୍ଷିପ୍ର
ମଣିଷର ମତଲବ୍‌ଠୁଁ ଆହୁରି କ୍ଷିପ୍ର
ମଣିଷର ସ୍ୱପ୍ନଠୁଁ ଆହୁରି କ୍ଷିପ୍ର
ମଣିଷର ଷଡଯନ୍ତ୍ରଠୁଁ ଆହୁରି କ୍ଷିପ୍ର ।

ତାଙ୍କର କ୍ଷିପ୍ରତା
ମତେ ତ୍ରସ୍ତ ଓ ତଟସ୍ଥ କରେ
ଅଥଚ୍ ନିଶାଖୋର କରିପାରେନା
ବୋଧେ ସେଇଥିପାଇଁ
ମୁଁ ମଣିଷରେ ଗଣାହୁଏନା ।

ନିଶାରେ ଟଳମଳ ଏ ପୃଥ୍ୱୀ
ଘୋଡ଼ାମାନଙ୍କ ଖୁରାରେ
ଘାଇଲା ହେଇଗଲାବେଳେ
ମୁଁ ଚୁର୍‌ମାର୍ ହୋଇଯାଏ ସିନା
ଚକିତ ହୋଇପାରେନା ।

ଘୋଡାମୟ ଏ ସଂସାରରେ
ଘୋଡାଟିଏ ପାଲଟିଯିବାକୁ
କେବେ ବି ଇଚ୍ଛେନା ।

ଜୀବନ କ୍ରମ

ପୁରୁଣା ଚିଠିସବୁ
ଚିରିବା ଦର୍କାର ପଡ଼େ ।

ଧୀରେଧୀରେ ଭୁଲିହେଇଯାଏ
ଚିଠିର ଶବ୍ଦ
ଶବ୍ଦର ଉଷ୍ମତା
ଉଷ୍ମତାର ଉଲ୍ଲାସ
ଏବଂ ଧୀରେଧୀରେ ଭୁଲିହେଇଯାଏ
ତମକୁ ।

ଭୁଲିହେଇଯିବା
ଏକ ଅଭ୍ୟାସ
ନା ପ୍ରକ୍ରିୟା
ନା ଆବଶ୍ୟକତା ?

ମୋର ଆବଶ୍ୟକତାରୁ ଜନ୍ମ ନିଏ
ଜୀବନର ନୂଆ ନୂଆ ଦାବି
ଦାବିମାନଙ୍କର ଯତ୍ନ ନବାକୁ ପଡ଼େ ।

ଚିରାଚରିତ

ନିଦ ଭିତରେ ଚାଲୁଥିବା
ଦୁଃଖଙ୍କ କଦମ୍‌ଚାଲ୍‌
ସକାଳକୁ ଉଭେଇ ଯାଇଥାଏ।

ଉଁଚା ପର୍ବତ ତୀଖରୁ କିରଣ ଛାଟିଦିଏ ସୂର୍ଯ୍ୟ
ଗହଳଚହଳ ଆରମ୍ଭ ହୋଇଯାଏ ବାଟଘାଟରେ
ଜୀବନ ଦୌଡ଼ିବାକୁ ଲାଗେ
ଚିରାଚରିତ ବେଗରେ।

ଯୋଉ ବାଟରେ ଯିବା କଥା ମୋର
ମୁଁ ସେଇ ବାଟରେ ଯାଏ
ବାଟ ଗଢ଼ି, ବାଟ ଭାଂଗି
ଦୁସ୍‌ରା ରାସ୍ତାରେ ଯିବାକୁ
ଯଦିଓ ମନ ଚାହୁଁଥାଏ।

ମନ ଭିତରେ ବି
ଅଂସଖ୍ୟ ଦୁଃଖଙ୍କ କଦମ୍‌ଚାଲ୍
ବାୟାବାତୁଳ ନ ହେଇ
ରାସ୍ତାର ବାଁ କଡ଼େ କଡ଼େ ଚାଲ୍ ବୋଲି
କିଏ ଜଣେ କହିଚାଲୁଥାଏ ।

ଚାଲୁଚାଲୁ ବେଳେବେଳେ
ଶୂନ୍ୟକୁ ହାତ ଟେକିଦିଏ
ମୋ ପାଖରେ ନିଜକୁ ବୋଧ ଦବାକୁ
ଭାଷା ନ ଥାଏ

ମନର ସୀମା କୋଉଠି ସରେ ?
କାଳ ପାଖରେ ଜବାବ୍ ନଥାଏ ।

ଉପଲବ୍ଧି

ଫୋନ୍ ଆରପାଖେ ବୋଉର ସ୍ୱର
'ଖାଇଛୁ ?'
ପ୍ରତିଥର ଫୋନ୍‌ରେ ସେଇ ଏକା ପ୍ରଶ୍ନ।
ପଚାଶ ବର୍ଷର ଦରବୁଢ଼ୀ ଝିଅ
ଉତ୍ତର ଫେରଉ ଫେରଉ
ହସେ ମନକୁ ମନ।

ପଚାଶ ବର୍ଷର ଝିଅ
ତା' ପୁଅକୁ ଫୋନ୍‌ରେ
ସେଇ ସମାନ ପ୍ରଶ୍ନ ପଚାରେ ପ୍ରତିଥର
ଅଠର ବର୍ଷର ପୁଅ ଉତ୍ତର ଦିଏ
ଏତେବଡ଼ ହେଲିଣି, ତଥାପି ସେଇ ପ୍ରଶ୍ନ ?

ପାଗଳା ପୁଅ, ଜାଣେନି
ମା' ପାଇଁ ଛୁଆ କେବେ ବଡ଼ ହୁଏନି।
ଏଇ ସାନସାନ ଉପଲବ୍ଧି
ଜୀବନକୁ କେମିତି ଅର୍ଥମୟ କରିଦିଏ
ପୁଅ ବୁଝିବାର ବୟସ ହେଇନି।

ଈଶ୍ୱର

ଜଖମୀହବାର ସବୁ କାରଣ
କାରଣରେ ଗଣାହୁଏନା ।

ହଜିଯାଇଥିବା ଆଖିର ସନ୍ଧାନ
ଈଶ୍ୱର ଜାଣନ୍ତି
ଯିଏ କଥା କହିପାରନ୍ତିନି ବୋଲି
ଈଶ୍ୱର ବୋଲାନ୍ତି ।

ତୁମଠିଁ

ମୁଁ ଜାଣେନା ତୁମଠିଁ ଏମିତି କ'ଣ ଅଛି !
ତୁମ ଆଖିର ଗଭୀରତାରେ ମୁଁ ପାଏନା ଥଳକୂଳ
ଇୟତ୍ତା ହରାଏ । ବୁଡିଯାଏ ପ୍ରତିଥର ।

ସାଧାରଣ

ଅସାଧାରଣ କଥାସବୁ
ଦିନେ ସାଧାରଣ ହୋଇଯାଏ।

ଉଦ୍‌ଗ୍ରୀବ ଆଖିଡୋଳାରେ
ଛାଇଯାଉଥାଏ ଉଦାସୀନତା

ଏହା ବି ଗଣାହୁଏ ସାଧାରଣରେ।

ସତ

ଝାଉଁଳି ପଡ଼ିଥିବା ପୃଷ୍ଠାସବୁରୁ
ବାହାରି ଆସନ୍ତି ଗୋଟିଏ ଗୋଟିଏ ସତ ।

ସତମାନଙ୍କର ଚେହେରା ନଥାଏ
ତଥାପି ସେମାନେ ଝଟକି ଉଠନ୍ତି ।

ସତକୁ ଗପ ଭାବିଦେଲେ ହାଲୁକା ହେଇଯାଏ ଜୀବନ
ଜୀବନକୁ ବୋଝ ନ ଭାବିଲେ ମିଳିଯାଏ ନିସ୍ତାର
ସ୍ମୃତିକୁ ଚବରଚବର କରି କି ଲାଭ !
ବର୍ତ୍ତମାନର ସୁଅରେ ଭାସିଯିବା ଇ ସାର ।
କହିଲ ଦେଖି,
ବର୍ତ୍ତମାନର ତାଡ଼ନା କି ପ୍ରଖର !

• • •

ଅଗ୍ନି

'ଚିତ୍ରପ୍ରତିମା ପ୍ରାୟ ଦିଶୁ ସୁନ୍ଦର
ଚିରି ଭିତର ଦେଖ କି ନାରଖାର ।'

ଏ ଗୀତ ଦି'ଧାଡ଼ି
ମତେ କାଇଁକି ଏତେ କଲବଲ କରେ ?

ଯୋଉ ବାଟେ ବାଟେ ଯିବି
ସେଇ ବାଟେ ବାଟେ ଫେରିବାର ତ ପଣ କରିଚି
ପୁଣି କାଇଁକି ଏତେ ଅଗ୍ନି ମୋ ଭିତରେ ?

କାମନା

ମୁଁ ଯିବାକୁ ଚାହେଁ
ତମର ଅଭ୍ୟଂତରକୁ

ପ୍ରଥମ
ଓ ଶେଷଥର ।

ଏକ ବିଶୁଦ୍ଧ କୌତୁହଳ
ଅନନ୍ତକାଳରୁ ମତେ ପ୍ରବର୍ତ୍ତାଏ

ତମ ଅଭ୍ୟଂତରର ଉଷ୍ମତା
ମାତ୍ର ଥରଟିଏ ଭୋଗିବାକୁ ଦିଅ ମତେ
ମତେ ଭିତରକୁ ଆସିବାକୁ ଦିଅ
ଥରେ ଅନ୍ତତଃ, ଏ ଜନ୍ମରେ !

• • •

ଦିନ

ଛିଟ ଫ୍ରକ୍ ପିନ୍ଧି ସକାଳ ଓହ୍ଲେଇ ଆସେ
ମୋ ଆଖିର ଅଗଣାକୁ। କହେ, ସୁପ୍ରଭାତ।

ଗୋବରପାଣି ଛିଂଚୁଥାଏ ମୁଁ ମୋ ଆତ୍ମାରେ
ପାପର ଦୀର୍ଘ ତାଲିକା ତାକୁ ଦେଖାଇବା
ସମ୍ଭବ ନୁହଁ, ଜରୁରି ନୁହଁ ବି।
ସ୍ମିତ ହସି ଉତ୍ତର ଫେରାଏ ମୁଁ
ଯୋଉ ହସରୁ ନୂଆ ଦିନଟିଏ ଜନ୍ମ ନିଏ।

ଗୀତ

ମନ ପସନ୍ଦର ଗୀତଟେ
ଲେଖିବି ବୋଲି ଭାବିଲାବେଳକୁ
ଚଉଦିଗ ଅଂଧାର ଦିଶୁଚି ।

ମନ ପସନ୍ଦର ଚିଠିଟେ ଲେଖିଲାବେଳେ ବି
ଶବ୍ଦଟେ ଆସିନଥିଲା ମନକୁ
ଯେତେ ଠକ୍‌ଠକ୍ କଲି ଶବ୍ଦର ଦୁଆରେ
ଜବାବ୍ ମିଳିଲା ନାହିଁ ।

ସେ କେଉଁ ଚିଠି
ଯାହାକୁ ଅପେକ୍ଷା କରିଚାଲିଲି
ଅଥଚ ମୋ ଠିକଣାରେ
ସେ କେବେବି ପହଂଚିଲା ନାହିଁ ।

କହିପାର, ମୋ ଠିକଣା ଲଗାତାର ବଦଳିଚାଲିଚି
ଏ ବର୍ଷମାନଙ୍କରେ ଅବା ମୁଁ କେବେବି ନଥିଲି
ମୋର କେଉଁ ଠିକଣାରେ ।

ଚିଠି କଥା ଛାଡ଼। ମନ ଭଲ ନ ଲାଗିଲାବେଳେ
ଗୀତଟେ ଗାଇବି ବୋଲି ଭାବିଲାବେଳକୁ ବି
ଶବ୍ଦ ଜୁଟିଲା ନାହିଁ।

ଏବେ ରାତିଅଧରେ ମୁଁ ଯାଇ ଛିଡ଼ାହୁଏ
ମୋ ଅତୀତର ପ୍ରାଚୀନ ଦୁଆରମାନଙ୍କ ସାମ୍ନାରେ
କବାଟ ଠକ୍‌ଠକ୍ କରେ,
କେଜାଣି କେତେବେଳ ଛିଡ଼ାରହେ
କାହା ଅପେକ୍ଷାରେ,
କୋଉଠୁ ବି ସୋରଶବ୍ଦ କିଛି ଶୁଭେନାହିଁ।
ରାତି ପାହିଯାଏ।
ଥରୁଟିଏ ରାତି ପାହିଗଲେ
ମୁଁ ପୁଣି ଭିନ୍ନ ଜଣେ କିଏ ହୋଇଯାଇଥାଏ।

ମୋର ଏ ପୀଡ଼ାକୁ ନେଇ
ପାଗଳପଣକୁ ନେଇ
କୋଉଠି କିଛି ଆଖ୍ୟାନ ନାହିଁ
ଅଂଧାରରେ ଉଡ଼ିବୁଲୁଚି
ଯୋଉ ଚେନାକ ଅନ୍ୟମନସ୍କତା
ଓ ଆତ୍ମାର ଗୁଣୁଗୁଣୁ
ତାକୁ ନେଇ ଗୀତଟେ ଲେଖିହବନାଇଁ।

ଦୀପ

ଅନ୍ତତଃ ଦୀପଟିଏ ଭଳି
ଜଳୁଚି,
ଜଳିଚାଲିଚି,
ଜଳିପାରୁଚି !

● ● ●

ସମୁଦ୍ର

ତମକୁ ବୋଧେ କହିନି
ଥରେଥରେ ମୋ ନିଦ ଭିତରକୁ
କେମିତି ମାଡ଼ିଆସେ ସମୁଦ୍ର ।

ମୁଁ ଯାଇ ସମୁଦ୍ର କୂଳରେ ବସେ ।
ସମୁଦ୍ର କୋଉଠି ସରେ ?
ପ୍ରତିଥର ଏଇ ସମାନ ପ୍ରଶ୍ନ ନିଜକୁ ପଚାରେ ।

କିଛି ସମୟରେ ପଶିଯାଏ ସମୁଦ୍ର ଭିତରକୁ
(ନା ସମୁଦ୍ର ମୋ ଭିତରେ ପଶିଯାଏ !)
ଆଉ କିଛି ମନକୁ ଆସେନା ସେ କ୍ଷଣରେ
ଘରଦ୍ୱାର, ପିଲାଛୁଆ, ଜ୍ଞାତିବନ୍ଧୁ
ପ୍ରତିଷ୍ଠା ଓ ପରିଚୟ, ପାପ-ପୁଣ୍ୟର ଭୟ ।
ଜୀବନ ସରିଆସିଲାବେଳକୁ
କେବଳ ତମର ଆଖି ଦୁଇଟି ମନକୁ ଆସେ ।
ଇସ୍ ! ସମୁଦ୍ରଠୁଁ ବି ଆହୁରି ଗଭୀର ସେ ଆଖି
ଯୋଉଠି ମୁଁ କ୍ଷଣକରେ ଇୟତ୍ତା ହରେଇଦିଏ ।

ମୋ ନିଦ ଭିତରକୁ କ'ଣ ମାଡ଼ିଆସେ କେଜାଣି ?
ସମୁଦ୍ର ନା ତମ ଆଖି !

କବି

ମୋ ପରିଚୟପତ୍ରରେ କୋଉଠି
କବି ବୋଲି ଲେଖାନାଇଁ ।
ପରିଚୟପତ୍ରରେ କବି ଲେଖିବା ବି
ଆସେନା କୋଉ କାମରେ ।

ପରିଚୟପତ୍ରରେ ଥାଏ ଗୋଟେ ସଂଖ୍ୟା
ଆଧାର କାର୍ଡ଼, ଭୋଟର କାର୍ଡ଼, ପାନ୍ କାର୍ଡ଼
ବ୍ୟାଙ୍କ୍ ଜମାଖାତା,
ସବୁଠି ମଣିଷ,
ଗୋଟେ କ୍ରମିକ ନମ୍ବର କେବଳ ।

ସେଇ କ୍ରମିକ ନମ୍ବର ଭିତରେ
ଥାଆନ୍ତି କିଛି ମଣିଷ
ଭାଷାକୁ ଭଲପାଉଥିବା ମଣିଷ
ଶବ୍ଦକୁ ଭଲପାଉଥିବା ମଣିଷ
ମଣିଷକୁ ଭଲପାଉଥିବା ମଣିଷ
ପୃଥିବୀ, ଆକାଶ, ନଈ, ସମୁଦ୍ର

ବଣଜଙ୍ଗଲ, ପଶୁପକ୍ଷୀ, କୀଟପତଙ୍ଗଙ୍କୁ
ଭଲପାଉଥିବା ମଣିଷ ।

ମଣିଷଟିଏ ସଂଖ୍ୟା ପାଲଟିଗଲେ
କବିଟିଏ ନିଜ ନୀରବତାକୁ
ଆହୁରି ନିବିଡ଼ ଭାବରେ ଭୋଗେ ।

ସମୟର ଚାହିଦାନୁଯାୟୀ କବିଟିଏ
କ୍ରମଶଃ ଆଦରିନିଏ ସେ ସଂଖ୍ୟାକୁ
ଖୋପରେ ଖାପ ଖୁଆଇବାର କଳା
ତାକୁ କବିତା ଶିଖେଇଥାଏ ।

ଯନ୍ତ୍ରଣା

ଯନ୍ତ୍ରଣାରୁ କଅଁଳେ ପ୍ରଥମେ ଯୋଡ଼ିଏ ପତ୍ର
ପରେ ଦ୍ରୁମ ପାଲଟିଯାଏ।

ଦ୍ରୁମର ଛାଇତଳେ ବସି
ଥକ୍କା ଓ ଶୋଷ ମେଂଟାଇବା
ପଡ଼ିଯାଏ ଅଭ୍ୟାସରେ,
ବଦଳିଯାଏ ଆବଶ୍ୟକତାରେ।

ଲୋକଙ୍କୁ ଯାହା ବିଶ୍ରାମ ଭଳି ଲାଗେ
ତାହା ବାଧ୍ୟବାଧକତା ହେଇପାରେ।

ଥାଉ।
ଆମେ ଆଉ କେବେ କଥା ହବାନି
ଏ ବିଷୟରେ।

ଦୃଶ୍ୟ

ସକାଳ-ଚଢ଼େଇଙ୍କ ରାବରେ
ମୋ ଭିତରୁ ବି ଶୁଭିବାକୁ ଲାଗେ
ପାଉଁଜିର ରୁଣୁଝୁଣୁ।

ଖବରକାଗଜରୁ ମୁହଁ ଦେଖଉଥିବା ଖବରମାନେ
ମତେ ଆଜିକାଲି ଆଉ ତାଜୁବ୍ କରନ୍ତି ନାହିଁ
ଯଦିଓ କିଛି ମୁହଁ ଆତ୍ମାକୁ ରୁନ୍ଧିଦେଲାବେଳେ
କିଛି ରହିଯାଉଥାନ୍ତି ମୋ ଆକ୍ରୋଶରେ।

ଗୋଟିଗୋଟି ଜଂଜାଳ ତୁଟଉତୁଟଉ
ମୁଁ ସେ ଆଖିମାନଙ୍କୁ ପିଛା କରୁଥାଏ
ମତେ ଆକ୍ରାନ୍ତ କରି ରଖିଥିବା ସବୁ ଦୃଶ୍ୟ
ସବୁ ମୁହଁ, ସବୁ ସତ(ମିଛ ବି ହୋଇପାରେ!)
ମୋ ମସ୍ତିଷ୍କ ଭିତରେ କ୍ଷିପ୍ର ଗତିରେ
ଚକ୍କର କାଟୁଥାନ୍ତି। ପରିବା କାଟୁକାଟୁ
ହାତ କଟିଯାଉଥାଏ ଅନ୍ୟମନସ୍କତାରେ।

ସେତେବେଳେ ନିଜ ଭିତରେ
ଅରାଏ ହବ ଖାଲିଜାଗା ମିଳିବା
କଷ୍ଟକର ହେଇପଡ଼େ।

ଦୁଃଖରୁ, ଆକ୍ରୋଶରୁ, ବିରକ୍ତିରୁ
କବିତାଟିଏ କୋଉ ଖଂଜରେ
ଜନ୍ମନବାକୁ ସଜ ହଉଥାଏ।

● ● ●

ଏପ୍ରିଲ୍(୨)

ପ୍ରତି ଏପ୍ରିଲ୍‌ରେ
ମୁଁ ଆଉ ଟିକିଏ ବୟସ୍କ ହୁଏ।

ବୟସ୍କ ହେବା ସହ ବଢୁଥାଏ
ମୋର ବାୟାପଣ।

ଏ ବାୟାପଣ ପୃଥିବୀକୁ
ନୂଆ ବାଗରେ ଦେଖୁଥାଏ
ଓ ଲେଖୁଥାଏ।

ଲୋକ ଖରାକୁ, ଏପ୍ରିଲ୍‌କୁ
ରଖିଦିଅନ୍ତି ନିଜ ଉଦାସୀନତାରେ
ଓ ଡରନ୍ତି କାଳବୈଶାଖୀକୁ।

କାହାକୁ କେମିତି କୋଉ ବାଗରେ
କାନ୍ଦାଏ, କ୍ରୋଧିତ କରେ
କୌତୁହଳ କି କାରୁଣ୍ୟ ଛାଟେ
ଏପ୍ରିଲ୍‌କୁ ଜଣାନଥାଏ।

ନିଜ ଧୁନ୍‌ରେ ମସ୍ତ୍
ବାୟାର କି ଯାଏ!
ଗୀତ ଗାଇଗାଇ
ରାସ୍ତା ପାର ହେଇଯାଉଥାଏ।

ମୁଁ

ଆବେଗଭରା ମୋର କବିତାସବୁକୁ
ମୁଁ ଏକାନ୍ତରେ ପଢ଼ିବସେ।
ଦର୍ପଣରୁ କାଢ଼ିଆଣେ
କେହିକେବେ ଦେଖିନଥିବା
ଏମିତିକି ମୁଁ ବି ଦେଖିବାକୁ
ସାହସ କୂଳେଇ ପାରିନଥିବା ପ୍ରତିଚ୍ଛବି ମୋର।
ଏକାନ୍ତରେ ଦେଖେ।

ଚିରି ଫିଙ୍ଗି ଦେଇଥିବା ପୁରୁଣା ଚିଠିରୁ
କେଇ ଟୁକୁରା ପଡ଼ିରହିଥାଏ
ଆତ୍ମାର କୋଉ କଣରେ।
ତାକୁ ବାହାର କରି ଆଣେ,
ସମଗ୍ର ଚିଠିଟି ଯେମିତି
ମୋ ଆଖି ସାମ୍ନାରେ
ଖୋଲିଖୋଲି ଯାଏ।

ଦିନମାନେ ଆହୁରି ଉଜ୍ଜ୍ୱଳି ଉଠନ୍ତି।
ସେ ଉଜ୍ଜ୍ୱଳତାରେ ବିଭୋର ହବା ପୂର୍ବରୁ
ମୁଁ ପୁଣି ସଦାକାଳର 'ମୁଁ' ହେଇଯାଏ।

• • •

ଥାଏ ନ ଥାଏ

ଥାଏ ନଥାଏ
ଥିଲାପରି ଲାଗୁଥିବି ।

ଦିନେ ପବନରେ ଖେଳିବୁଲୁଥିବା
ଦେହର ବାସ୍ନା
ହୁଏତ ଶୋଷିନେଇଥିବ ଖରା
ସଚଳ ସବଳ ଲାଗୁଥିବା
ଦେହର ଅଂଶବିଶେଷ
ହୋଇଯାଇଥିବ ପାଉଁଶ
କାହାର ଅନ୍ୟମନସ୍କତାରେ କି ଅତନ୍ଦ୍ରପଣରେ
ଆକ୍ରୋଶରେ କି ଆକ୍ଷେପରେ
ଆତଯାତ କରୁଥିବ
ମୋର ଆୟୁଷ୍କାଳର କିଛି ମୁହୂର୍ତ୍ତ
ସଂଭ୍ରମତାର ସହ, ନିରବରେ
ସ୍ୱତଃସ୍ଫୂର୍ତ୍ତ ।

ଏମିତି ବି ହୋଇପାରେ
କାହା ପଢ଼ାଘର ଥାକରେ
ତଥାପି ସଜ୍ଜିତ ଥିବା ମୋ ବହିର ଶବ୍ଦମାନେ
ଚମକି ଉଠୁଥିବେ
କା'ର ଅଦିନିଆ ସ୍ପର୍ଶରେ
ଅବା ମୃତବତ୍ ପଡ଼ିରହିଥିବେ
ବର୍ଷବର୍ଷର ଅଣଦେଖାରେ
ରୁଦ୍ଧ ହୋଇଯାଉଥିବ ଛାତିତଳ ତାଂକର
ଭାରି ହୋଇଯାଉଥିବ ହୃଦୟ, ଚାପା ଦୀର୍ଘଶ୍ୱାସରେ !

ମୋପରି ମୋ ଶବ୍ଦମାନେ ବି
ବଡ଼ ଜୀବନ୍ତ ଓ ଜିଦ୍‌ଖୋର୍ ।
ମାନିବେ ନାଇଁ ବେଳ ଅବେଳ
ଝରଝର ବର୍ଷାହେଇ ନିଗିଡ଼ିପଡ଼ିଲାବେଳେ ବି
କା' ଆଖିରୁ
ଆଦୌ ଜାହିର୍ କରିବେ ନାଇଁ ଅସ୍ତିତ୍ୱ
ଏ ସବୁକିଛି ଘଟିଯାଉଥିବ ଅଦୃଶ୍ୟରେ

ଅତି ସାଧାରଣ ଭାବରେ !
ଶବ୍ଦମାନେ ଜୀବନ୍ତ ଓ ଜିଦ୍‌ଖୋର୍‌ ହେବା
ଏଯାବତ୍‌ କ'ଣ ଗ୍ରହଣୀୟ ହେଲାଣି
ଏ ସମାଜରେ ?

ଥାଏ ନଥାଏ
ଥିଲାପରି ଲାଗୁଥିବି ।
ଦୀପଟିଏ ହେଇ ହୁଏତ ଜଳୁଥିବି
କାହାର ଅନ୍ତଃକରଣରେ
ଥିଲାବେଳେ
କେତେଥର କହିଚି କହିଲ
ମତେ ତମେ ଆଦୌ ରଖିବନି
ତମ ଉଦାସୀନତାରେ !

● ● ●

ଚାବି

ଏଇ ବଖରାରେ ମୁଁ ରହେ
ଏବଂ ଗୋଟେ କାଳ୍ପନିକ ଚାବିଧରି
ଘୂରୁଥାଏ, ମୁକ୍ତିର
ବଖରାର ଏମୁଣ୍ଡରୁ ସେମୁଣ୍ଡ।

ମୋର ମାଲିକାନାସ୍ୱତ୍ୱ ଯାହାପାଖରେ
ସିଏ ସନ୍ତୁଷ୍ଟ
ମୋର ଏଇ ନିର୍ଦ୍ଦିଷ୍ଟ ବଖରା ଭିତରେ
ସମାନପ୍ରକାର ଚଳପ୍ରଚଳରେ।
କିଏ କ'ଣ ଜାଣେ କେତେକେତେ ଚାବି
ହଜେଇଦେଇଚି ମୁଁ ଜାଣିଜାଣି
ମୋର ତମାମ୍ ଆୟୁଷ୍କାଳରେ
ଦୁନିଆ ଯାହାକୁ ସୁଖ କହେ,
ସେଇ ସୁଖର,
ବଡ଼ ବେପରବାୟ ଭାବରେ।

କେତେ ଚାବି ନୂଆ କିଣାହେବାଭଳି
ଏବେ ବି ଝଲ୍‌ମଲ୍ କରେ ଡ୍ରୟାରଭିତରେ ।
ଅଥଚ ତାଲାଟିମାନ ହଜିସାରିଥାଏ କେବେଠୁଁ
ପୁଣି ଅଚଳ ପଡ଼ିରହିଥାଏ
କେତେ ଜଙ୍କ୍‌ଲଗା ତାଲା
ଅବିକଳ ମୋ ସ୍ୱପ୍ନଭଳି
ମୋର କିନ୍ତୁ ଅଜବ ସଉକ୍
ନୂଆପରି ଦିଶୁଥିବା ପୁରୁଣା ଚାବିମାନଙ୍କୁ
ସାଇତି ରଖିବାରେ ।
ଯାହାର କିଛି ବି ଆକର୍ଷଣ
କି ଆବଶ୍ୟକତା ଆଉ ନଥାଏ ଜୀବନରେ ।

ଏ ଘରଟି ଖୁବ୍ ବଡ଼ ।
କେହିକେହି କହନ୍ତି
ଓ ମୋର ହସର ପାଖୁଡ଼ାମାନ
ମିଳେଇଯାଉଥାଏ ପବନରେ ।
ମୁଁ କେଡ଼େ ସୁଖୀ ଓ ଭାଗ୍ୟବତୀ କହନ୍ତି ତ
ନିରବ ରହିଜାଣିବା ବି ଗୋଟେ କଳାବୋଲି
ମୁଁ କ'ଣ କୋଉ ଜଣକୁ ବି ବୁଝାଇପାରେ ?
ହଉପଛେ କଥାଛଳରେ !

ମୋ ଅଂଟାରେ ବି ଝୁଲୁଥାଏ ଚାବିନେନ୍ଥା
ପ୍ରତି ବଖରାର।
କୋଉ ବଖରାରେ ମୋର ଉଦାସୀନତା
କାନ୍ଥକୁ ଡିରାଦେଇ ବସିଥାଏ ତ
କୋଉଠି ମୋର ଅନ୍ୟମନସ୍କତା
ଝର୍କାରେଲିଂ ଦେଇ ବାହାରକୁ ଚାହିଁରହିଥାଏ,
କୋଉ ବଖରାର ଖଟଉପରେ
ଗଡ଼ପଡ଼ ହେଉଥାଏ ମୋର ପୁରୁଣା ଦୁଃଖ ତ
କୋଉ ବଖରାର ଚଟାଣ ଉପରେ ବସି
ମୋର ପିଲାଦିନ ଛକିଶୂନ ଖେଳରେ ମାତିଥାଏ
ପୁଣି କୋଉଠି ମୋର ଚାପା ଦୀର୍ଘଶ୍ୱାସରେ
ଭୂମିକମ୍ପଭଳି କମ୍ପିଉଠୁଥାଏ ବଖରାର ପ୍ରତିଟି ଜିନିଷ,
କୋଉ ବଖରାର କାନ୍ଥରେ ନେସିହୋଇଯାଇଥାଏ
ହସୁହସୁ କାନ୍ଦିପକେଇବା ବେଳର ଲୁହଟୋପା
ପୁଣି କୋଉଠି ଅଳନ୍ଧୁ ଲାଗିଯାଇଥିବା
ଅପ୍ରକାଶ୍ୟ କ୍ଷୋଭ ମୋର।

ସବୁ ବଖରାର ଚାବି
ମୁଁ ଅଂଚାରେ ଖୋସିଥାଏ ମାଲିକାଣୀ ସାଜି
ଅଥଚ ମୋର ମାଲିକାନାସ୍ୱତ୍ୱ ଥାଏ ଯାହା ପାଖରେ
ସିଏ କ'ଣ ଜାଣିଥାଏ ସତରେ
କୋଉ ବଖରାରେ କ'ଣ ରଖିଚି ମୁଁ
କେତେ ଆସବାବପତ୍ର, କେତେ ଆର୍ତ୍ତନାଦ
କେତେ ବୁଝାମଣା, କେତେ ବିଷାଦ !

ସେ ସତ ଚାବି ହଉ କି କାଳ୍ପନିକ
ଚାବି ନେନ୍ଥାକ ଅଣ୍ଟାରେ ଖୋସି
ଘରସାରା ଘୂରିବୁଲିବା ତ ଭାଗ୍ୟ
ଆଦିମ ଓ ଅବଧାରିତ ।

ସର୍କସ

ସର୍କସ ଦେଖିବା ପଡ଼ିଗଲାଣି ଅଭ୍ୟାସରେ।
ନାଇଁତ ଦେହସୁହା ହେଇଗଲାଣି।

ସମୟର କ୍ଷିପ୍ରତା ଅଜଗର ପରି
ଯେତେସବୁ 'ସୁଂଦରତମ'ର ସଂଜ୍ଞାକୁ
ଗିଳିଚାଲିଚି
ଆମେ ତାକୁ ଦେଖି ଉତ୍ଫୁଲ୍ଲିତ ହୋଇଉଠୁଚୁ
ତାଳି ମାରିଚାଲିଚୁ, ଆମ ବିଭୋରତାର
ଏ ଭବ୍ୟ ଉଦାହରଣ
ଦେଶର ଭାଗ୍ୟ ପାଲଟିଗଲାଣି।

ପାହାନ୍ତି ପହରର ସ୍ୱପ୍ନକୁ ପଶିଆସୁଥିବା ଗୋଟେ ଦେଶ
ଦେଶର ସବୁଜିମା, ସବୁଜିମାର ମହକ
ମହକର ମୁଗ୍ଧ ଅନୁଭବ
ସକାଳକୁ ବିଷ ବଳୟ ପାଲଟିଗଲାବେଳେ ବି
ତାଳି ମାରୁଚୁ ଆମେ
ଗୋଟେ ଅଜଣା ଧୁନ୍‌ରେ ମାତିଚୁ
ଆମର ଏମିତି ମାତିବା ଦେଶକୁ ଅଥର୍ବ କରିଦେଲାଣି।

ଦେଶ କାହାକୁ କହନ୍ତି ?
ନିଶା ଭୋଳରେ ପଚାରୁଛନ୍ତି ଦଳେ ଲୋକ
ଯୋଦ୍ଧମାନେ ସର୍କସ ଦଳରେ ସାମିଲ ହେଇସାରିଛନ୍ତି
ବର୍ଷ ବର୍ଷ ଧରି
ଯୋଦ୍ଧମାନେ ମାଲିକର ଚାବୁକ୍ ମୁନରେ ଖେଳିଚାଲିଛନ୍ତି
ଦର୍ଶକ ଗ୍ୟାଲେରିରେ ବସି ଦଳେ ୱା ୱା କରୁଛନ୍ତି
ଦେଶ ସର୍କସର ମଇଦାନ ପାଲଟିଲାବେଳେ
ମାଳମାଳ ବିଜ୍ଞାପନ ଖବରକାଗଜରେ, ଟିଭିରେ
ଦେଶ ପ୍ରଗତି କରୁଚି, ଚିତ୍ରରେ !

ମୁଁ ବି ବସିଚି ଦର୍ଶକ ଗ୍ୟାଲେରିରେ
ଶହେ ଚାଳିଶ କୋଟି ଲୋକଙ୍କ ଧାଡ଼ିରେ ।
ଖେଳ ଦେଖୁଦେଖୁ
ମୁଗ୍ଧ ହୁଏ କି ମନଗୁଣା କରେ, ବସିଚି
ସେଇ ତାଲିକା ଭିତରେ ଅଛି
ତାଳି ମାରେ କି ତ୍ରସ୍ତ ଦିଶେ, ବସିଚି
କାଂଦିପକାଏ କି କ୍ରୋଧଜର୍ଜର ହୁଏ, ବସିଚି
ଆତଂକରେ ହଉ କି ଅନାଗ୍ରହରେ, ବସିଚି
ପୀଡ଼ାକୁ ବଦଳେଇପାରୁନି ପ୍ରତିବାଦରେ
ବାସ୍ । ଖେଳ ଦେଖୁଚି, ଦେଖିଚାଲିଚି ।

ମୃତ ବିବେକର ପଞ୍ଜରାହାଡ଼କୁ ଢିରାଦେଇ
ବୟସ୍କ ହଉଚି ଗୋଟେ ଦେଶ
ମୋର ଅଂଧତ୍ୱ ଓ ନିସ୍ପୃହତାରେ
ବୟସ୍କ ହଉଚି ଗୋଟେ ଦେଶ
ଗଣତନ୍ତ୍ରର ଜୟଗାନ କରି କରି
ବୟସ୍କ ହଉଚି ଗୋଟେ ଦେଶ
ବୟସ୍କ ହଉଚି ମୋର ଦୀର୍ଘଶ୍ୱାସ
ନା, ମୁଁ ଦେଶକୁ ନୁହଁ
ସର୍କସକୁ ନେଇ କବିତା ଲେଖୁଚି
ସର୍କସର ଅଂଶବିଶେଷ ହେବା
ଆଜିର ଦିନରେ
ସମୃଦ୍ଧିରେ ଗଣାହଉଚି ।

ଆଉ କବିତା ଲେଖୁନି

ଆଉ କବିତା ଲେଖୁନି ।

କେତେ ବାଗରେ ଜୀବନ ଲୁଚକାଳି ଖେଳୁଚି
ସମୟର ଛଳ ଝାମ୍ପିନଉଚି ସ୍ୱପ୍ନ
ଏବେ, ଖାଲି ଅବସାଦ ହିଁ ଅବସାଦ ।

ଅସମୟରେ ବାହୁଡ଼ି ଯାଇଥିବା
ଚିହ୍ନାଅଚିହ୍ନା ଲୋକଙ୍କ ଆତୁରତା
ମତେ ବେଳୁବେଳ ଅଥୟ କରୁଚି
ନା, ଶବ ଗଣୁନି
ସଂଖ୍ୟା ଗଣୁନି
ସ୍ତବ୍ଧ ରହିଯାଉଚି ।

ଇଏ କେମିତି ଏକ ସମୟ
ମୋ ଶିରାପ୍ରଶିରାରେ ଦୌଡୁଥିବା ଆତଂକ
ମୋ ଆଖିଡୋଳାରେ ବୋହିନପାରି
ଟଳମଳ ହେଉଥିବା ଲୁହ

ପାଣି ଫାଟି ଯାଉଥିବା ରକ୍ତରେ
ଚବରଚବରକରି ମାଛପରି ପହଁରୁଥିବା ବିବଶତା
ସାରାବେଳ ମତେ ଉଦାସ କରି ରଖୁଚି

କିଛି ଗୋଟାଏ ଲେଖିବାପାଇଁ
ଶବ୍ଦ ଖୋଜୁଚି, ଶବ୍ଦ ପାଉନି
ହଜିଯାଇଥିବା ଲୋକଂକ ପରିବାରପାଇଁ
ଆଶ୍ୱାସନା ଖୋଜୁଚି, ଆଶ୍ୱାସନା ପାଉନି
ବଂଚିଯିବାପାଇଁ
ସାମର୍ଥ୍ୟ ଖୋଜୁଚି, ସାମର୍ଥ୍ୟ ପାଉନି
ଲଢ଼ିବାପାଇଁ
ସାହସ ଖୋଜୁଚି, ସାହସ ପାଉନି

ନା ! ଆଉ କବିତା ଲେଖୁନି ।

କବିତା ଲେଖିବାପାଇଁ ଲୋଡ଼ା ଯେଉଁ ବିଭୋରତା
ଲୋଡ଼ା ଯେଉଁ ଆଢ଼ବାୟାପଣ ଓ ଅନ୍ୟମନସ୍କତା
ହଜିଯାଉଚି ଏ ସମୟର ବୀଭତ୍ସ ମାୟାରେ

ମୁଁ ନିଜକୁ ଚିହ୍ନୁଚି ପୁଣି ଚିହ୍ନୁନି ।

ନାଗରିକ

କାହାକୁ କିଛି କହୁନି ।
ଚୁପ୍ ରହିବା ପଡ଼ିଆସୁଛି ଅଭ୍ୟାସରେ ।

ବାହାନଗାର ରେଳ ଦୁର୍ଘଟଣାରେ
ମରିଗଲେ ଯୋଉ ଲୋକ
ତାଂକର ପ୍ରକୃତ ସଂଖ୍ୟା କେତେ ?
କାହାକୁ ପଚାରିନି ।

ରେଳ ଧାରଣାରେ, ଏଠିସେଠି
ଛିଟ୍‌କି ପଡ଼ିଥିବା କା'ର ଆଖିଡୋଳା,
ହାତ, ଗୋଡ଼, ମୁଣ୍ଡ, ଆଂଗୁଠି ଓ ଅନ୍ତବୁଜୁଳା,
ବସ୍ତାରେ ଭର୍ତ୍ତିହେଇ ଟ୍ରକ ଡାଲାକୁ ଫିଙ୍ଗାଯାଉଥିବା ଶବ,
ଧାଡ଼ିରେ ରକ୍ତ ଦବାକୁ ଛିଡ଼ାହେଇଥିବା
ଲୋକଙ୍କ ବ୍ୟାକୁଳତା ଟିଭିରୁ ଦେଖିଚି,
ଦେଖିଚି ଶବ ମୁହଁରୁ ଲୁଗା ଉଠେଇ
ପୁଅକୁ ଖୋଜୁଥିବା ବାପର ଅସହାୟତା
ଏସି କୋଠରିରେ ବସି ବି
ଦେହରୁ ବହିଯାଉଛି ଗମ୍‌ଗମ୍ ଝାଳ
ଆଖିରୁ ନିଗିଡ଼ି ପଡୁଚି ଧାରଧାର ଲୁହ
କୋରି ହେଇଯାଉଚି ଛାତିତଳ
ଯଦିଓ ସେମାନେ କେହି ଆତ୍ମୀୟ ନୁହଁ ମୋର ।

ମୋ ମୁଣ୍ଡ ଉପରେ ଆକାଶ
ପାଦତଳେ ମାଟି ନଥିବାପରି ଲାଗୁଚି
ଝୁଲିରହିଚି ଶୂନ୍ୟରେ ମୁଁ ତ୍ରିଶଙ୍କୁପରି
ଦୁର୍ଘଟଣା ତ ଦୁର୍ଘଟଣା, ଦୁନିଆ କହୁଚି।
ମୁଁ ଜଡ଼ ପାଲଟିଯାଉଚି।

ସୋସିଆଲ ମିଡ଼ିଆରେ ଗୋଟେ ଫଟୋରେ
ଜଣେ ଲୋକ ମୁତୁଚି
ଗୋଟେ ଆଦିବାସୀ ବାଳକ ମୁହଁରେ
ଥରିଉଠୁଚି ଦେହ ଏ ଦୃଶ୍ୟରେ
ପାଟି ଖୋଲିଲେ ଦେଶଦ୍ରୋହୀ
ସମୟସାରା ପଇଁତରା ମାରୁଚି ଯୋଉ କ୍ଷୋଭ
ତା'ଠୁଁ ମୁକ୍ତି ଲୋଡୁଚି। ସନ୍ତର୍ପଣରେ।

ଉଜ୍ଜୟିନୀର ସେଇ ଆଠ କିଲୋମିଟର ରାସ୍ତାରେ
ଗୋଟେ ବାର ବର୍ଷର ଝିଅ ଚାଲୁଚି
ଲଂଗଳା, ରକ୍ତାକ୍ତ, କ୍ଷତବିକ୍ଷତ
ତାର ଦେହ ଘୋଡ଼େଇବାକୁ ଲୁଗା ମାଗୁଚି,
ଘରକୁ ଘର ବୁଲି ମାଗୁଚି ଆଶ୍ରା, ମାଗୁଚି ସୁରକ୍ଷା,
ଲୋକେ ଦେଖୁଛନ୍ତି, କିଳି ଦଉଛନ୍ତି କବାଟ
କଂଚା ରକ୍ତରେ ଜୁଡୁସୁଡୁ
ବାର ବର୍ଷର ଝିଅର ଅସହାୟତା
କାହିଁକି କେଜାଣି କରିପାରୁନି
କାହା ହୃଦୟକୁ ହଲ୍‌ଚଲ୍,

ଆଠ କିଲୋମିଟର ରାସ୍ତାସାରା
ମୃତ ମଣିଷପଣିଆର ଭିଡ଼।
ସମୟ ସ୍ଥିର, ନିର୍ବିକାର।

ସାକ୍ଷାତକାର ନବାକୁ ଆସିଥିବା ପିଲାଟି ପଚାରୁଚି
କବିତା କ'ଣ ସତରେ ବଦଳାଇଦିଏ ସମାଜକୁ ?
ସମାଜକୁ ରାତାରାତି ବଦଳାଇବା କାମ
କବିତାର ନୁହଁ
କବିତା କେବଳ କ୍ଷଣକପାଇଁ
ଚହଲାଇ ଦିଏ ମନକୁ ଓ ବିବେକକୁ
ଧାରେ ନିଆଁଭଳି ସଂଚରିଯାଏ ଆତ୍ମାକାଶରେ
କେବେ କ୍ରୋଧ, କେବେ କାଂଦ,
ତ କେବେ କରୁଣାର ପ୍ରତିରୂପ ହେଇ ଛିଡ଼ାହୁଏ
ଏତିକି ମାପଚୁପ ଶବ୍ଦରେ ଉତ୍ତର ସାରୁଚି।

କିଛି ଗୋଟାଏ ଝଣ୍‌ଝାଣ୍ ହେଇ
ଭାଂଗିପଡ଼ିଲାବେଳେ ମୋ ଭିତରୁ
ମୋ ଓଠରେ ଧାରେ ହସ ତଥାପି ଲାଖିରହିଛି
ଲୋକେ ଜାଣୁଛନ୍ତି, ମୁଁ ଭଲରେ ଅଛି।

କାହାକୁ କିଛି କହୁନି।
ଚୁପ୍ ରହିବା ଅଭ୍ୟାସରେ ପଡ଼ିଆସୁଛି।

ପବିତ୍ରତା

ଗୋଟେ ସ୍ତ୍ରୀଲୋକର ପବିତ୍ରତାକୁ ନେଇ
ସମାଜ ପ୍ରଶ୍ନ କଲାବେଳେ
ପ୍ରତିଥର ମୋର ନିଦ ଭାଂଗିଯାଏ।

ହେଇପାରେ ଅତି ମାତ୍ରାରେ ମୁଁ
ପ୍ରଶ୍ନଖୋର
ବା ଉତ୍‌ଛୃଙ୍ଖଳ
ବା ବିଦ୍ରୋହୀ
ହେଇପାରେ ମୋ ନିଜର
ପୁରୁଣାକାଳିଆ ଆଖିକୁ ଫୁଟାଇ
ମୁଁ ପାଲଟିଯାଇଛି ଅଂଧ
ହେଇପାରେ ହୃଦୟର ଅସ୍ଥିରତାକୁ
ମୁଁ ମୋ ହିସାବରେ କରିପାରିଛି ସ୍ଥିର
ସମାଜର ଦୃଷ୍ଟିଭଂଗୀକୁ
ନିଜ ଇଚ୍ଛାରେ ବ୍ୟବସ୍ଥିତ କରିବାକୁ ଚାହୁଁଚି।

ପୁରୁଷର ଅନାବୃତ ପିପାସା ତଳେ
ରହିଥିବା ପୈଶାଚିକତାକୁ
ମୁଁ ପଚାରିବାକୁ ଚାହୁଁଚି
ପବିତ୍ରତା କୋଉଠି ଥାଏ ?

ହୋଇପାରେ ଯାର ଜବାବ୍ ମୁଁ ବି ମାଗିପାରେ
ତଥାକଥିତ ସମାଜ ସଂସ୍କାରକ
ଓ ଧର୍ମଯାଜକଙ୍କୁ
ଓ ସ୍ତ୍ରୀଲୋକର ଭାଗ୍ୟ ନିର୍ଦ୍ଧାରଣ କରୁଥିବା
ଅଦୃଶ୍ୟ ଈଶ୍ୱରଙ୍କୁ

ହୋଇପାରେ ମୁଁ ବ୍ୟଭିଚାରିଣୀ ବୋଲାଇପାରେ

ପୁରୁଷର ଅନାବୃତ ପିପାସା ତଳେ
ରହିଥିବା ପୈଶାଚିକତାକୁ
ପ୍ରଶ୍ନ କରିପାରେ ବୋଲି ତ
ମୋର ପବିତ୍ରତା ନଷ୍ଟ ହୋଇଯାଇଛି ବୋଲି
ସମାଜ ହକାରୁଥାଏ

ମୁଁ ନାଚାର ମୋର ବିଚାରବୋଧ ସାମ୍ନାରେ ।

କହୁଚି ବୋଲି

ଏଇ ନୂଆ ନୂଆ ଗଜୁରିଥିବା ହଳେ ଡେଣା
କାନ୍ଧ ପାଖରେ, ମୋର

ଯାହାକୁ ମୁଁ ମୋର ବଳ କହୁଚି
ତମେ କହୁଚ ଔଦ୍ଧତ୍ୟ, ଅହଂକାର।

ହଉ।

ନିଶାରେ ଟଳମଟଳ ପାଦ ମୋର
ଏଠିସେଠି ହାମୁଡ଼ିପଡ଼ିଲାବେଳେ
ଏଇ ଡେଣାହଳକ ମତେ ଉଠାଏ ମାଟିରୁ
ଉଡ଼ା ଶିଖାଏ, ବଳ ଦିଏ।

ସେତିକିବେଳେ ମତେ ଦୁଶୁଥାଏ
ତମର ମୁଚୁକୁନ୍ଦିଆ ହସ
ଘମାଘୋଟିଆ ଅନ୍ଧାର ଘେରା ଆକାଶରେ
ସେତକ ଦ୍ୱିତୀୟା ଜହ୍ନ
ମିଛରେ ହଉପଛେ, ମୁଁ ଭାବିନିଏ।

ନାଃ ! ଅଭିଯୋଗ କି ଅଭିମାନ
କିଛି ନାଇଁ ।
ଦାନାମୁଠାଏପାଇଁ ଖଟିବା
ଖଟିବା ପାଇଁ ସହିବାର ତାକତ୍‌ରେ ଗଢା
ମୋର କପାଳ ।

ଅବଶ୍ୟ ମୋ କାନପାଖରେ ହରଦମ୍ ଶୁଭୁଥାଏ
ଗୋଟେ ଝଣ୍‌ଝାଣ୍ ସ୍ୱର ।
କମ୍ପେଇ ଦଉଥାଏ ମୋର ଇହକାଳ, ପରକାଳ
ଯେମିତି କୋଉଠି ଗୋଟେ ଚାଲିଚି ହରତାଳ
ରକ୍ତ ଖେଳ, ରକ୍ତ ଖେଳ ।

ମୁଁ ବି ଖେଳି ପାରନ୍ତି ।
ଛୁଂଚିମୁନରେ ମୁନେ ବିଦ୍ରୋହ, ଗାଁ ଗାଁକୁ ନେଇ
କି ଖେଳ, ପରକ୍ଷଣି ଏଇୟା ହେଜିଚି ।

ଯେତେଥର ଯୋଉଠି ଅନ୍ଧାରରେ
ନିଜକୁ ଝୁଂଟିପଡ଼ିଚି
ପାଲଟିଯାଇଚି ନିଆଁଝୁଲ
ପୁଣି ଦାନ୍ତକୁ ଚାପି ଢୋକିନେଇଚି ଗରଳ
ବାଟ ଚାଲିଚି ।

ଠା'ଏ ଅଟକିଯାଇ ବଇଁଶୀ ବଜେଇ
ଗୋଟେ ଲୟ ଖୋଜନ୍ତି ଯେ
ପେଟର ଭୋକ ପାଖରେ ତ
ସବୁ ହାର୍ ମାନିଚି
ହାର୍ ମାନିଚି ।

ମନ୍ କୀ ବାତ୍

ମନର କଥା କ'ଣ ଖୋଲିକି କହିହୁଏ
ସଭିଙ୍କ ସାମ୍ନାରେ !
ନିଜକୁ ନିଜେ ପଚାରୁଚି ନବଘନ।

ସସ୍‌ପ୍ୟାନରୁ ଉଠୁଚି ବାମ୍ଫ
ଜମିଆସିଲାଣି ଆସର
ଗିଲାସରେ ଚା' ଢାଳୁଢାଳୁ କହୁଚି ପ୍ରବୀର
ଭାଇ, ମଗଜକୁ ନିଅନା, ମଉନ ରୁହ।
ମନ୍ କୀ ବାତ୍ ଶୁଣ।
ଅବାକ୍ ହୁଅନା, ଅଂଧ ହୋଇଯାଅ।

ଗଂଭୀର କଣ୍ଠରେ ଭାସିଆସୁଚି
ମନ୍ କୀ ବାତ୍‌ର ଶବ୍ଦ

ଶବ୍ଦସବୁ ଚଢ଼ଢ଼କେଇ ଦଉଛନ୍ତି ଅଭ୍ୟଂତର
ତାବ୍‌ଦା ପଡ଼ିଆସୁଚି କାନ।

ହାଟସାରି ଘରେ ପହଂଚିଲାବେଳକୁ ନବଘନ
ସ୍ତ୍ରୀର ସବୁଦିନିଆ ଝିଂଗାସ
ଜମିଖଣ୍ଡକ ବନ୍ଧାପଡ଼ିଚି ଯେ ପଡ଼ିଚି
ଝିଅଟା ବୁଢ଼ୀ ହେଇଗଲା,
କେତେକଥା ଶୁଣିବାକୁ ପଡୁଚି ସାଇପଡ଼ିଶାଠୁଁ
ବୋପାର କି ଯାଉଚି !
ନବଘନକୁ ଏକଥା ସବୁବେଳେ ଘାରୁଚି।

ସନିଆ ବାରିକର ହେଇପାରୁନି ଘର ବଖରାଏ
ସରପଞ୍ଚ ପାଖୁ ଦଉଡ଼ି ଦଉଡ଼ି
ମଉଳିଗଲାଣି ଆଶା।
ଚାକିରି ଖୋଜି
ପୁଅ କୁଆଡ଼େ ଯାଇଚି ଯେ ଯାଇଚି,
ଖୋଜଖବର ନାଇଁ।
ଥାନାରେ ପଡ଼ିଚି ଦରଖାସ୍ତ
ଦି'ବର୍ଷ ହେଲା।

ସରବା ସୋଇଁ କହୁଚି,
ଶଳା, କୋଉକାଳେ ହେଇଥିଲା
ଦରଦାମ୍ ଏମିତି ଆକାଶଛୁଆଁ
ମଣିଷ ବଂଚିଲେ ତ ଭୋଟ୍,
ବଂଚିଲେ ତ ସର୍କାର !

ଆର୍ତ୍ତତ୍ରାଣ ଗୁମ୍ ମାରି ଶୁଣୁଚି
ମନ୍ କୀ ବାତ୍
ତା' ନୀରବତା ଭିତରୁ
ଉଡ଼ିଆସିଲେଣି ଦଳେ ପ୍ରଜାପତି
ଦୁଃଖ ରଂଗର
ପଦେ କିଛି କହିବ ତ
ଚାଲିଯିବ ଚାକିରିଟି
ମୁହଁରେ ତାଲା ଦବା ଭଲ !

ଚା' ଗିଲାସଟିମାନ ଧୋଇଦେଇ
ଯେଯାହାର ଚାଲିଗଲେଣି ନିଜ ବାଟରେ
ପ୍ରବୀର ଗଣିଚାଲିଚି ଖୁଚୁରା ପଇସା
ରେଡ଼ିଓରେ ବାଜିଲାଣି ରଫିର ଗୀତ
ଦୋକାନ ବନ୍ଦ୍‌କରି ଗଲାବେଳକୁ
ଶୋଇପଡ଼ିଥିବେ ପିଲାଏ।
ମାଳତୀ ସହ ଘନିଷ୍ଠ ହେବାକୁ
ଦିହ ଚାହୁଁଥିବା କଥା
ସେ କ'ଣ କହିପାରିବ କେବେ
ଘୁଙ୍ଗୁଡ଼ି ମାରୁଥିବା ମାଳତୀକୁ ନିଦରୁ ଉଠେଇ
ତା' ଥନ ରେକେଟି ପଡ଼ିଥିବା
ସବା ସାନପୁଅଟିକୁ କଡ଼କୁ ଆଡ଼େଇ !

ଅଭାବୀ ଘରେ କ'ଣ ବା ମାନେ ଥାଏ
ଏ ମନ୍ କୀ ବାତ୍‌ର
କେବେ କ'ଣ କହିପାରେ କେହି
ମନକଥା ଖୋଲି
ରେଡ଼ିଓରେ ହଉ କି ରାତି ଅଧରେ
ଦେଶବାସୀଙ୍କୁ ହଉ କି ଧର୍ମପତ୍ନୀକୁ
ସତ ସତ କଥା, ସଫା ହୃଦୟରେ !

ଅହୋରାତ୍ର

ଟିକିଏ ବେଳ ଘୁମେଇପଡ଼ିଲି।

ଏ ଭିତରେ କେତେ କ'ଣ ଘଟିଗଲାଣି।
ଦି' ମୁଥା ଛେଚା ବର୍ଷା ହେଇ ଛାଡ଼ିଗଲାଣି
ଶୁଖିଗଲାଣି ଅଗଣା, ଲୁଗାପଟା
ପାଉଁରୁଟିବାଲା ଡାକିଡାକି ଫେରିଗଲାଣି
ଖବରକାଗଜସବୁ ଉଡ଼ିଗଲାଣି ଏଣେତେଣେ
କ୍ଷୀର ଫୁଟିଫୁଟି ମରିଗଲାଣି
ଦାଣ୍ଡରେ ଜମିଗଲାଣି ପାଣିସୁଅ
ସାମ୍ନା ଘର କବାଟ ତାଲା ଫିଟିଲାଣି
ସେମାନେ ତାଂକ କାମରୁ ଫେରିଆସିଲେଣି।

ନିଜ ଭିତରୁ ଉଠିପଡ଼ିବାକୁ ଇଛା ହେଉନାହିଁ।
କେତେ କେତେ ଦୃଶ୍ୟରେ ମଜ୍ଜିଥିଲି ମୁଁ
ପିଲାଦିନର ଖେଳପଡ଼ିଆ, ନଈକୂଳ,
ଆଂବତୋଟା, କଂଟେଇକୋଳି ବଣ,
କୈଶୋରର ପ୍ରେମ।

ଘଷରା ଜୀବନଚର୍ଯ୍ୟା ବାହାରେ ବି ଥାଏ
ଆଉ ଗୋଟିଏ ଜୀବନ
ଆଉ ଗୋଟିଏ ବଂଚିବା, ହଜିବା, ଲୋଡ଼ିବାପଣ
ଜଣାପଡ଼େନାହିଁ।

ପ୍ରତିଥର ନିଜ ଭିତରକୁ ପଶିଲାବେଳେ
କାହା କାହାର ଡାକ
କିଛି ନା କିଛି ଦାୟ
ଭିଡ଼ିପକାଏ ପଣତ
ଅଟ୍‌କି ଯାଏ।
ଅଟ୍‌କିଯାଏ ତ ପୁଣି ଛନ୍ଦିପକାଏ
କିଛି ନା କିଛି ଜଂଜାଳ
ଆୟୁଷ ଅଳ୍ପ ଅଳ୍ପ ଘୋରିହଉଥାଏ।

ଥରେ ଥରେ ପ୍ରତିଧ୍ୱନୀ ବି ଡାକିଡାକି ଫେରିଯାଏ
ମୁଁ ଭାତ ବସେଇଥାଏ ଚୁଲୀରେ
ଲୁଗାପଟା ବତୁରେଇଥାଏ ସର୍ଫ୍‌ପାଣିରେ
ପିଲାଙ୍କୁ ପଢଉଥାଏ ପାଠ
ବନ୍ଧୁଙ୍କୁ ସଙ୍ଖୋଳୁଥାଏ ସାଦରେ

ଆଇସ୍କ୍ରୀମବାଲାର ଡାକଶୁଣି
ପିଲାଏ ଧାଇଁଯାଆନ୍ତି
ଗପସପ ସାରି ବନ୍ଧୁ ଫେରନ୍ତି ନିଜ ଘରକୁ
ଲୁଗାପଟା ଇସ୍ତ୍ରୀହୋଇ ରଖାସରିଥାଏ ଆଲମାରୀରେ
ଭାତ ହାଣ୍ଡି ମଜାସରିଥାଏ କେବେଠୁଁ

ମୁଁ ମୁଣ୍ଡେଇଥାଏ ବୋଝ
ମୁକୁଳିପାରୁନଥାଏ ।

ବଳିତାଟିଏ, ରହିରହିକା ଜଳୁଥାଏ
ଟିକିଏ ଟିକିଏ ସରୁଥାଏ।

• • •

କିଛି ଶବ୍ଦ

କିଛି ଶବ୍ଦ
କବିତା ହବାକୁ ରାଜି ହୁଅନ୍ତି ନାହିଁ।

ମୁଁ ତାଂକୁ ମନେଇବାରେ ଲାଗିଥାଏ ସାରାଜୀବନ
ଥରୁଟେ କବିତା ପାଲଟିଗଲେ
ଆଉ କ'ଣ ଫେରିପାଇବୁ ସ୍ୱପ୍ନ ଓ ସ୍ପନ୍ଦନ
କହିନ୍ତି ସେମାନେ।

କିଛି ଶବ୍ଦ
ମୋର ଛାଇ ସହିତ ଛାଇ ହୋଇ ରହିଥାନ୍ତି
ମୋ ଦୁଃଖରେ ଦୁଃଖୀ
ସୁଖରେ ସୁଖୀ ପାଲଟୁଥାନ୍ତି
ମୁଁ ଆକାଶ ଗଢ଼େ କି ପାହାଡ଼ ଚଢ଼େ
ମୋ ସାଥିରେ ରହିଥାନ୍ତି ବରାବର।

କିଛି ଶବ୍ଦ
ନଈହେଇ, ରକ୍ତହେଇ ବୋହୁଥାନ୍ତି
ମୋ ଶିରାପ୍ରଶିରାରେ
କେବେ ପ୍ରାର୍ଥନା ପାଲଟନ୍ତି ତ କେବେ ପ୍ରାଚୁର୍ଯ୍ୟ

କେବେ ପାପ ପାଲଟନ୍ତି ତ କେବେ ପ୍ରଳୟ
କେବେ ଆସ୍ଥା ପାଲଟନ୍ତି ତ କେବେ ଐଶ୍ୱର୍ଯ୍ୟ।

କିଛି ଶବ୍ଦ
ତାଂକ ଉପଲବ୍ଧିରେ ମତେ
ହତଚକିତ କରି ରଖନ୍ତି ସାରାବେଳ।
କାରୁକାର୍ଯ୍ୟମୟ ତାଂକର ଅସ୍ତିତ୍ୱରେ
ମୁଁ ବିଭୋର ହୋଇଉଠିଲାବେଳକୁ
ପକ୍ଷୀହେଇ ଫୁର୍‌କିନା ଉଡ଼ିଯାନ୍ତି
ଘା' ଉପରୁ ଖସିପଡ଼େ ଖୋଳପା
ହାଡ଼ଭିତରୁ ଉଭେଇଯାଏ ଯାତନାଦାୟୀ ରସ
ମଂଜ ଭିତରକୁ ପଶିଯାଇ ପାଲଟିଯାନ୍ତି ସାହସ
ତ କିଛି ଶବ୍ଦ
ତାଂକ ଇସାରାରେ ମତେ କରିଚାଲୁଥାନ୍ତି ଉଠ-ବସ।

କିଛି ଶବ୍ଦ
କେବଳ କବିତା ପାଲଟନ୍ତି
ଆଉ ମତେ ପୁଲକିତ କରୁଥାନ୍ତି
ବଂଚେଇ ରଖିଥାନ୍ତି ଚିରକାଳ।

ବହି

ଏପ୍ରିଲ୍‌ରେ ତମ ଜନ୍ମ, ଏମିଲ ଜୋଲା।
ତମ ମୃତ୍ୟୁ(ନା ଆତ୍ମହତ୍ୟା!)
ଏବେବି, ସଂଦେହ ଘେରରେ।

ତମପରି ଜୀବନକୁ ବୁଝୁଥିବା,
ବିଶ୍ଳେଷଣ କରୁଥିବା ଲୋକ
କ'ଣ ଏମିତି ମରିପାରେ!

ତମେ ତ କୁହ
ପ୍ରତ୍ୟେକ ମଣିଷ
ଗୋଟେ ଗୋଟେ ବହିଭଳି।
କିଏ ତାର ମଲାଟ ଦେଖି ରଖିଦିଅନ୍ତି ତ
କିଏ ଆଖି ପକାନ୍ତି ମୁଖବନ୍ଧରେ।
କିଛି ଲୋକ ପୃଷ୍ଠା ପରେ ପୃଷ୍ଠା
ଆଡ଼େଇଯାଆନ୍ତି ଖାମ୍‌ଖିଆଲି ଭାବରେ।
ଅନେକ ଲୋକ ବହିଟିକୁ ଆଦୌ ନପଢ଼ି
ବିଶ୍ୱାସିଯାନ୍ତି ସମାଲୋଚକଙ୍କୁ।
କିଛି ଲୋକ ଦେଖନ୍ତି ପରିପାଟୀ
ଓ ଅଳ୍ପ କିଛି ଲୋକ ବିଷୟବସ୍ତୁ ପଢ଼ିବସନ୍ତି।

ସଂପୂର୍ଣ୍ଣ ବିଷୟବସ୍ତୁ ପଢ଼ିଲାପରେ ବି
ଜଣାପଡ଼େ କି
କ'ଣ ଥାଏ କାହାର ମନ ଭିତରେ !

ତମେ ଜାଣ, ମନ ଗୋଟେ ରେଳଧାରଣା ଭଳି
ସେଠି ଅସଂଖ୍ୟ ଟ୍ରାମ୍ ଚାଲୁଥାଏ ଦ୍ରୁତ ଗତିରେ
ନିୟନ୍ତ୍ରଣ ହରାଇବସି
କିଏ କେମିତି ପିଚି ହେଇଯାଏ କାହାସହ
ପୂର୍ବାନୁମାନ କରିହୁଏନି ସହଜରେ।

ବହିରେ ତ ଖଂଜାଯାଇଥାଏ ଶବ୍ଦକୁ
ଲେଖକର ମର୍ଜି ଅନୁସାରେ !
ଯୋଉ ଲେଖକକୁ ତମେ ସ୍ରଷ୍ଟା କୁହ,
ଈଶ୍ୱର କୁହ
ବା ସେଇଭଳି କେହିଜଣେ।

ବିଷୟବସ୍ତୁକୁ ବାରମ୍ବାର ପଢ଼ିବା ସତ୍ତ୍ୱେ ବି
ଆଦୌ କିଛି ବୁଝୁନଥିବା,
ବୁଝିପାରୁନଥିବା ଲୋକଙ୍କ କଥା ତ ନଥିଲା
ତମ ବିଶ୍ଳେଷଣରେ !
ନା ଥିଲା ବହି ପଢ଼ି ହତଭମ୍ବ ହେଇଯାଉଥିବା
ଲୋକଙ୍କ କଥା, ତମ ଅବବୋଧରେ !

ନିଜଠୁ ମୁକୁଳିଯିବା

ଭାବୁଚି
ନିଜଠୁ ମୁକୁଳିଯିବି ।

ନିଜଠୁ ମୁକୁଳିଯିବି ମାନେ
ହୋଇଯିବି ମୁକ୍ତ ଓ ଉଡ଼ାଣଖୋର୍
ମୁକ୍ତ ଓ ଉଡ଼ାଣଖୋର୍ ମାନେ
ପକ୍ଷୀ କି ! ନା ଆଦୌ ନୁହଁ ।

ଚିନ୍ତାଗ୍ରସ୍ତ ଓ ଚାପଗ୍ରସ୍ତ
ସମୟ ପଞ୍ଝାରୁ ବାହାରି
ଘେରାଏ ବୁଲିବି
ମନର ସମୁଦ୍ରକୂଳେ
ବାଲିକଙ୍କଡ଼ା ସାଜିବି
ପୁଣି ଲୁଚିଯିବି କୋଉଠି,
କୋଉ ଦୃଶ୍ୟ ଅନ୍ତରାଳରେ ।

ଅବଶ୍ୟ ଏ କାମସବୁ
ମୋର ନିତିଦିନିଆ ଜୀବନଚର୍ଯ୍ୟା ଭିତରେ
ସାମିଲ୍ ନୁହଁ
ଥରେ ଥରେ ତ

ବଂଚିବାପାଇଁ ଏସବୁ କରିବା ଦର୍କାର ପଡ଼େ
ନିଜ ସହିତ ଖେଳିବାର ଉପକ୍ରମ
ନିଜ ସହିତ ଯୁଝିବାର ଚେଷ୍ଟା ଭିତରେ ଥାଏ
ସେଇ ଗୋଟିଏ ବାଧ୍ୟ ପ୍ରତିବଦ୍ଧତା
ସବୁରି ଖୁସିପାଇଁ ବାଂଟିହୋଇଯିବାର ।

ସେଇ ବାଂଟିହେବା ମାନେ
କାହାର ଭୋକପାଇଁ
କାହାର ନିଦ ପାଇଁ
କାହାର ନିରାପତ୍ତା ପାଇଁ
ସାମଗ୍ରୀ ପାଲଟିବା ।

ପ୍ରତିଥର ସାମଗ୍ରୀ ପାଲଟିଲାବେଳେ
ନିଜଠୁ ମୁକୁଳି ଆସିବାର ଇଛା
ରହିଯାଏ ଇଛାରେ

ନା ! ପକ୍ଷୀ ନୁହଁ
ପାଲଟିଯାଏ ଦାୟ

ମାଟିଭଳି ନିଜକୁ ବିଛେଇ ଦେଇଥାଏ
ସବୁରି ପାଦତଳେ ।

ଶବ୍ଦ-ଖେଳ

ଏଇ କେଇଟି ଶବ୍ଦ
ମତେ ପ୍ରତି ରାତିରେ
କଲବଲ କରେ ।

ଶବ୍ଦ କେଇଟି ହୁଏତ ଆସିଥାଏ
କାହା କାହାର ଶୂନ୍ୟ ଚାହାଣିରୁ
କହିବ କହିବ ହୋଇ
ସ୍ଥିର ହୋଇଯାଇଥିବା କାହାର ଓଠ ଦାଢ଼ରୁ
କାହାର ଉପେକ୍ଷାରୁ, ଉଦାସୀନତାରୁ
ଅପେକ୍ଷାରୁ, ଅନ୍ୟମନସ୍କତାରୁ
ଅନାଗ୍ରହରୁ, ଆର୍ତ୍ତନାଦରୁ ।

ଯାହା ଭେଦିଯାଏ
ମୋ ଅନ୍ତର୍ଲୋକକୁ ଅନାୟାସରେ
ଓ ହୁଲୁସ୍ଥୁଲ୍ କରିପକାଏ
ଆତ୍ମାର ଅତଳତଳ
ଯେକୌଣସି ମୁହୂର୍ତ୍ତରେ ।

ମୁଁ ଜଣେ ସାଧାରଣ ସ୍ତ୍ରୀଲୋକ
ରାତି ପାହିଲେ ଯାବତ୍ ଜଂଜାଳ
ଘର ଓଳାଏ, ଭାତ ରାନ୍ଧେ
ଅଇଁଠା ବାସନ ମାଜେ,
ଅଭ୍ୟାଗତଙ୍କୁ ଆତିଥ୍ୟ ଦିଏ,
ଦିଅଁ ଦେବତା ପୂଜେ ।

ରାତି ବଢ଼ିଲେ
ବାଟବଣା ହୋଇଯାଏ ନିଜ ଭିତରେ
ମୁଁ କିଏ ? ଧନ୍ଦି ହୁଏ
ପ୍ରଶ୍ନଙ୍କ ଜାଲରେ ।

ଶବ୍ଦ କେଇଟି ହୁଏତ
ଆକାଶରେ ଜଳୁଥିବା ତରାପରି
ମୋ ଆଖିରେ ଜଳୁଥାନ୍ତି ଦିକ୍‌ଦିକ୍
ହୁଏତ ନଈରେ ପହଁରୁଥିବା ମାଛପରି
ମୋ ଶିରାପ୍ରଶିରାରେ ପହଁରୁଥାନ୍ତି
ରକ୍ତ ଚବରଚବର କରି

ହୁଏତ ଆକାଶରେ ଉଡୁଥିବା ପକ୍ଷୀପରି
ମୋ ହୃଦୟସାରା ଉଡ଼ିବୁଲୁଥାନ୍ତି
ଡେଣା ଫଡ଼ଫଡ଼କରି
ଓ ଚିଁ ଚିଁରେ କଂପେଇଦଉଥାନ୍ତି
ମୋ ମର୍ମସ୍ଥଳ।

ସାରାରାତି, ରାତିସାରା
ମୁଁ ଉଜାଗର

ନିଜକୁ ଖୋଜି ପାଇବାରେ
ଧୁରନ୍ଧର ନୁହଁ ବୋଲି ତ
ଏ କବିତା ଲେଖା, ଏ ଶବ୍ଦ-ଖେଳ !

ବେଶଘର(୧)

କେବେଠୁ ବନ୍ଦ୍ ପଡ଼ିଚି ଏ ବେଶଘର।
ଏବେ ସେଠି ନାଚୁଚି ଅନ୍ଧାର।

ସେଠି ବିଛେଇ ହେଇ ପଡ଼ିଚି
କା'ର ମଥାମଣି, କାନଦୁଲ୍, ଅଂଟାସୂତା
ସେଫ୍‌ଟିପିନ୍, ପାଦର ଘୁଙ୍ଗୁର,
କାହା କୁର୍ତ୍ତାର ବୋତାମ, ଆଖିର ଜଂଜାଳ
ଦର୍ପଣଯାକ ମରାହେଇଚି ବିନ୍ଦି
ନାଲି, ନେଳି, ଗୋଲାପୀ ଓ ବାଇଗେଣୀ ରଂଗର।

ଯିଏ ଯୁଆଡ଼େ ଫେରିଗଲେଣି
ଉତାରିଦେଇ ବେଶ
ନିଜ ନିଜ ଭାଗ୍ୟର ଉହାଡ଼କୁ
କବାଟକଣକୁ ଡାକିନେଇ
ନାୟିକା ବେକମୂଳରେ
ନାୟକଟି ଦେଇଥିବା ଚୁମ୍ବାର ଉତ୍ତାପ
ଯାହା ଭାଂଗିଦଉଚି ନିଦ, ବେଶଘରର।

ବେଶଘର(୨)

ଦେଶ ବେଶ ହଉଚି।

ରାତି ପାହିଲେ ଝଲସି ଉଠିବ ଦେଶ
ଦେଶକୁ, ଏବେ ପଚସ୍ତରୀ ବର୍ଷ।

ଦେଶର ଜନ୍ମ ବେଳକୁ ଜନ୍ମ ହୋଇ ନ ଥିଲି ମୁଁ
ଜନ୍ମ ହୋଇ ନ ଥିଲି
ଦେଶ ସ୍ୱାଧୀନ ହେଲା ବେଳକୁ
ସ୍ୱାଧୀନତାର ସେଇ ଦିନଟି
ଉତ୍ସବର, ଉଲ୍ଲାସର ହେତୁ ହେଇ
ମୋ ରକ୍ତକଣିକାରେ ଅଛି।

ପିଲାଦିନେ ହାତପାପୁଲିରେ ମୁଠେଇଥିବା ସେଉବୁନ୍ଦି
ଫରଫର ଉଡୁଥିବା ତ୍ରିରଙ୍ଗାତଳେ ଛିଡ଼ାହେଇ
ଏକ ସ୍ୱରରେ ଗାଉଥିବା ଜନଗଣମନ
ବନ୍ଦେ ମାତରଂ ଧ୍ୱନି
ଥିଲା ମୋପାଇଁ ଦେଶ, ଦେଶର ବେଶ
ଦେଶକୁ ବେଶ କରିବା ନିଜ ଇଚ୍ଛାରେ
ଥିଲା ସହଜ ଓ ସୁନ୍ଦର ଓ ସନ୍ତୋଷଜନକ।

ଏବେ ଅମୃତକାଳରେ ବେଶ ହଉଚି ଦେଶ
ଉଭା ହେବ ନୂଆ ରୂପ ନେଇ ବିଶ୍ୱ ସାମ୍ନାରେ
ବେଶଘରେ ମାନ୍ୟବରମାନଙ୍କ
ମନ୍ତ୍ରଣା ରଚିବାର ବେଳ
ବେଶଘରେ ସାପ ସିଡ଼ି,
ପଶାପାଲିର ଜମାଣିଆ ଖେଳ
ବେଶଘରେ ଭବିଷ୍ୟତର ନକ୍ସା ପ୍ରସ୍ତୁତି,
କ୍ଷମତା ହାତେଇବାର
ବେଶଘରେ କଦମ୍‌ଚାଲ୍‌
ଚଉକିଙ୍କର, ଚାହିଦାଙ୍କର, ଚଂଚକତାର।
ଦେଶ, ଏବେ ବିକାଶଶୀଳ।
ଏଇ ବିକାଶଶୀଳ ଦେଶଟି, ମୋର।

ଏ ଦେଶରେ ମୁଁ ଅଛି
ଶହେ ବୟାଳିଶ କୋଟି ଲୋକଙ୍କ ତାଲିକାରେ
ଅଛି କୋଉ ଗାଁ, ସହର ବା ମହାନଗରୀରେ
ଆଧାରକାର୍ଡ଼ରେ, ପାନ୍‌କାର୍ଡ଼ରେ, ଭୋଟରକାର୍ଡ଼ରେ
ଗୋଟେ ସଂଖ୍ୟା ହେଇ ଗଢ଼ୁଚି ମୋ ଅସ୍ତିତ୍ୱ
ଯାହାଯାହା ଘଟୁଚି, ଘଟିଯାଉଚି ମୋ ଚାରିପାଖରେ,
ମତେ ଆଉ ତଲ୍ଲୀନ କରୁନି, କରୁନି ତଟସ୍ଥ।

ଦେଶକୁ ବେଶ କରୁଥିବା ଦେଶ-ସେବକଙ୍କ
ସ୍ୱରରେ ସ୍ୱର ମିଶେଇ ଗାଉଚି ଜନଗଣମନ
ଏ ସ୍ୱର
ମୋ ଶିରାପ୍ରଶିରାରେ ଆଣୁ ଶିହରଣ କି ସ୍ଥାଣୁତା
ସଭ୍ୟ ନାଗରିକ ମୁଁ,
ସ୍ରୋତରେ ବହିଚାଲିବା ଧର୍ମ ପାଲଟିଯାଉଚି ।

ଏବେ, ନିଜ ଇଚ୍ଛାରେ ଯେତେଥର
ବେଶ କରିବାକୁ ଚାହୁଁଚି ଦେଶକୁ
ଚଡ଼କି ଯାଉଚି ।

ମଣିଷରୁ ସଂଖ୍ୟା ପାଲଟିଯାଇଥିବା
ଶହେ ବୟାଳିଶ କୋଟି ନାଁର ନିଥରତାକୁ,
ନିରବ ଆର୍ତ୍ତନାଦକୁ
ମୁକୁଟ ପରି ମଥାରେ ପିନ୍ଧି
ଦେଶ ବେଶ ହଉଚି ।
ଦେଶ ବେଶ ହଉଚି ।

• • •

ବେଶଘର(୩)

ବେଶରୁ ଠଉରାଅନା ମୋର ହୃଦୟ ।

ବେଶ ଆଢୁଆଳରେ
ହୃଦୟରେ ପାଚୁଥାଏ ଘା'
ତଥାପି ମୁଁ କବିତା ପଢୁଥାଏ ମଂଚରେ ।

କବିତା ଆଉ କ'ଣ କି !
ଗୋଟାଏ ଚିତ୍ର ବା ଗୋଟାଏ ବେଶ
ଯାହାକୁ ସୁନ୍ଦର କରି ସଜେଇବାକୁ ପଡ଼େ
ଯେମିତି ସିନେମା ଦେଖିବାକୁ ଗଲାବେଳେ
କି ବଜାର ବୁଲି ବାହାରିଲାବେଳେ
ସଜ ହଉଥାଏ ଆମ ଗାଁର କୁନି ଭାଉଜ
ସ୍ନୋ ଅତର ମାରି ।

କବିତାରେ ବି ସିଂଚିବାକୁ ପଡ଼େ ବାସ୍ନା
ବୁଲେଇବଂକେଇ କହିବାକୁ ପଡ଼େ
ସବୁ କଥାକୁ
ମୋ ମୃଦଙ୍ଗ ବାଜି ଛତରଛାଳ ହୋଇଗଲାବେଳେ
କବିତା ବଖାଣୁଥାଏ ନୀରବତାର ଦୋହା
ଉପଲବ୍ଧିରୁ ଉଠିଯାଇ
ପାଲଟି ଯାଉଥାଏ ଉତ୍ସବ
ସବୁରି ଉଦ୍‌ଗ୍ରୀବପଣ ସାମ୍ନାରେ।

ଉତ୍ସବରେ ମାତିଲାବେଳେ ସମୟ
ଲୁହ ଜର୍ଜର ଆଖି ଦିଓଟି
କ'ଣ ଆସେ କା' ଦର୍କାରରେ!

ଗର୍ଭଗୃହରେ ମୁଣ୍ଡିଆ ମାରି ଆସିଲାବେଳକୁ
କବିତା ଆଖିକୋଣରେ ମିଳେଇଯାଏ
ବୁଂଦାଏ ଲୁହ
ସବୁରି ଅଜାଣତରେ
ଜାମୁକୋଳି ପାଚି ଆସୁଥାଏ ଯଦିଓ ଗଛରେ
ତଳେ ପଡ଼ି ଛେତ୍‌ରା ହୋଇଯିବାର ଭୟ ବି
ତାକୁ ଅଥୟ ଉଦାସ କରେ।

କିଛି ବି ସରଳରେଖାରେ ନ ଥାଏ।
ନା ଜୀବନ
ନା ମୃତ୍ୟୁ
ନା କବିତା
ପରସ୍ପର ପ୍ରତି ସମାନ୍ତର ଥାନ୍ତି ସଭିଏଁ
ଏହା ପଡ଼େ ନାହିଁ କାହାର ଆଖିରେ।

ମୁଁ ବି ନଦୀ ହୁଏ
ନକ୍ଷତ୍ର ହୁଏ
ମା' ହୁଏ
ଝିଅ ହୁଏ
କବି ହୁଏ
କାରିଗର ହୁଏ
ମୋ ବେଶଭୂଷା ପ୍ରତି
କା'ର ସଂଦେହ ନ ଥାଏ।

• ● •

ଉଠିବି

ମୋର କାକୁସ୍ଥପଣ ଓ ଆତୁରତା ଉହାଡ଼ୁ
ଉଇଁଲାଣି ସୂର୍ଯ୍ୟ
ମୋର ଉଠିବା ବେଳ ହେଲାଣି
ଉଠିବି ।

ବାହାରି ଯିବି ବୁଣିବାକୁ ବୀଜ
କବିତାର କ୍ଷେତରେ
ଉପୁଜାଇବି ଶସ୍ୟ ।

ପାଲଟି ଯିବି ସଂକଳ୍ପଟିଏ
ଭଲପାଇବାର ସାମିଆନାତଳେ
ରଚିବି ମାନବିକତାର ମଂତ୍ର ।

ମଣିଷର ଗଭୀରତମ ଅବସାଦରୁ
ଉଠେଇ ଆଣିବି ଧାଡ଼ିଏ ଉଲ୍ଲାସ
ପକ୍ଷୀ ପରି ଉଡ଼େଇ ଦେବି ମହାକାଶରେ
ମୁକ୍ତିର ଗୀତ ଗାଇବି ।

ହଁ ନାହିଁର ଦୋ ଦୋ ପାଂଚ୍ ଭିତରୁ
ଉଠି ଆସଥିବା ଅସଂଖ୍ୟ ସ୍ୱର
ସ୍ଲୋଗାନ୍‌ରେ ବଦଳି ଗଲେଣି
ସ୍ଲୋଗାନ୍ ପାଲଟିବାକୁ ସଂଭାବନା
ମୁଁ ଉଠିବି
ଧାଡ଼ିରେ ପ୍ରଥମେ ମୁଁ ଇ ଛିଡ଼ାରହିବି
ବୋମା ବର୍ଷୁ କି ବିଦ୍ରୁପ
ତୋପ ଫୁଟୁ କି ତିରସ୍କାର

କେବେ ବି ମୋପରି ଜମା ଦିଶିନଥିବା ମୋ ଭିତରୁ
ମୁଁ ଉଠିବି
ନିଶ୍ଚୟ ଉଠିବି ।

ଗାୟତ୍ରୀବାଳା ପଣ୍ଡାଙ୍କ ପ୍ରକାଶିତ ପୁସ୍ତକ

କବିତା ସଂକଳନ

୧- ଆହତ ପ୍ରତିଶ୍ରୁତି - ବିଦ୍ୟାପୁରୀ -୨୦୦୧
୨- ଅସ୍ପଷ୍ଟ ଈଶ୍ୱର - ଓଡ଼ିଶା ସାହିତ୍ୟ ଏକାଡ଼େମୀ -୨୦୦୨
୩- ଅଣାୟତ୍ତ - ଅପୂର୍ବା -୨୦୦୬
୪- ଗାଁ - ଟାଇମ୍ ପାସ୍ - ୨୦୦୮,୨୦୧୨, ୨୦୨୩
୫- ଯେତିକି ଦିଶୁଚି ଆକାଶ - ଅନ୍ୟା -୨୦୧୧
୬- ଆଖି ନାଇଁ କାନ ନାଇଁ - ଅନ୍ୟା -୨୦୧୩
୭- ଏ ରାତିର ଯେତେ ତାରା - ଅନ୍ୟା -୨୦୧୪
୮- ବାଘ - ପକ୍ଷୀଘର - ୨୦୧୫
୯- ଦୟାନଦୀ - ପକ୍ଷୀଘର - ୨୦୧୭, ୨୦୨୨
୧୦- ମହେଞ୍ଜୋଦାରୋ- ପକ୍ଷୀଘର- ୨୦୧୮
୧୧- ନିର୍ବାଚିତ କବିତା - ବ୍ଲାକ୍ ଇଗଲ୍ ବୁକ୍ସ - ୨୦୧୯
୧୨- ପ୍ରାର୍ଥନାର ଶବ୍ଦପରି - ଅପୂର୍ବା -୨୦୨୨
୧୩- ସ୍ତ୍ରୀଲୋକ- ଟାଇମ୍ ପାସ୍ - ୨୦୨୩
୧୪- ପକ୍ଷୀ ପୁରାଣ- ପକ୍ଷୀଘର- ୨୦୨୪
୧୫- ବେଶଘର - ବ୍ଲାକ୍ ଇଗଲ୍ ବୁକ୍ସ - ୨୦୨୫

ଗଳ୍ପ ସଂକଳନ

୧- ବିସର୍ଜନ - ପକ୍ଷୀଘର - ୨୦୧୫
୨- ନିଜକୁ ନେଇ ସତ ଗପ - ପକ୍ଷୀଘର - ୨୦୧୯

ଉପନ୍ୟାସ

୧- ମଣ୍ଡି ଯାହା ଜାଣେ ନାହିଁ - ଟାଇମ୍ ପାସ୍ - ୨୦୧୬

୨- ରାସ୍ତା- ପଶ୍ଚିମା - ୨୦୨୧

୩- ମାୟାଜାଲ- ଆଦିତ୍ୟଭାରତ-୨୦୨୩

୪- ତିନି କେ ତିନ୍- ଅପୂର୍ବା-୨୦୨୩

ପ୍ରବନ୍ଧ ସଂକଳନ

୧- ବିଚାର ବିମର୍ଶ- ପଶ୍ଚିମା - ୨୦୨୦

ହିନ୍ଦୀ ଅନୂଦିତ କବିତା ସଂକଳନ

୧- ଧୂପ୍ କୋ ରଂଗ୍ - ଜ୍ଞାନଯୁଗ, ଭୁବନେଶ୍ୱର - ୨୦୦୬

୨- ଖୋ ଜାତି ହୈ ଲଡ଼କିୟାଁ - ଆଲୋକ ପର୍ବ, ନୂଆଦିଲ୍ଲୀ - ୨୦୧୭

୩- କହନେ କୋ କୁଛ୍ ନହିଁ ହୋତା- ପ୍ରଲେକ ପ୍ରକାଶନ, ମୁମ୍ବାଇ-୨୦୨୧

୪- ଦୟାନଦୀ- ରାଜକମଲ ପ୍ରକାଶନ, ନୂଆଦିଲ୍ଲୀ- ୨୦୨୧

୫- ଆସାନ୍ ନହିଁ ଇତିହାସ ଲିଖ୍ନା - ପ୍ରଲେକ ପ୍ରକାଶନ, ମୁମ୍ବାଇ-୨୦୨୩

୬-ବାଘ ଉପାଖ୍ୟାନ- ରାଜକମଲ ପ୍ରକାଶନ, ନୂଆଦିଲ୍ଲୀ- ୨୦୨୩

୭- ଜବ୍ ଶବ୍ଦ ନହିଁ ଥେ- ପ୍ରଲେକ ପ୍ରକାଶନ, ମୁମ୍ବାଇ- ୨୦୨୫

ଇଂରାଜୀ ଅନୂଦିତ କବିତା ସଂକଳନ

1- Grandma and other poems –Authorspress, New Delhi-2018

2-A Slice of Night- Dhauli Books, Bhubaneswar-2022

ଇଂରାଜୀ ଅନୂଦିତ ଗଳ୍ପ ସଂକଳନ

1- My Truth My Story -Black Eagle Books, USA-2022

ସଂସ୍କୃତ ଅନୂଦିତ କବିତା ସଂକଳନ

ଦୟାନଦୀ- କେନ୍ଦ୍ର ସାହିତ୍ୟ ଏକାଡେମୀ, ନୂଆଦିଲ୍ଲୀ- ୨୦୨୩

ପଞ୍ଜାବୀ ଅନୂଦିତ କବିତା ସଂକଳନ

ଦୟାନଦୀ- କେନ୍ଦ୍ର ସାହିତ୍ୟ ଏକାଡେମୀ, ନୂଆଦିଲ୍ଲୀ- ୨୦୨୩

ରାଜସ୍ଥାନୀ ଅନୂଦିତ କବିତା ସଂକଳନ

ଦୟାନଦୀ- କେନ୍ଦ୍ର ସାହିତ୍ୟ ଏକାଡେମୀ, ନୂଆଦିଲ୍ଲୀ- ୨୦୨୫

ସ୍ୱୀକୃତି

- କେନ୍ଦ୍ର ସାହିତ୍ୟ ଏକାଡେମୀ ପୁରସ୍କାର- ୨୦୨୨
- କେନ୍ଦ୍ର ସାହିତ୍ୟ ଏକାଡେମୀ ଯୁବ ପୁରସ୍କାର- ୨୦୧୧
- "ରାଇଟର୍ସ-ଇନ୍-ରେସିଡେନ୍ସ" ଆଟ୍ ରାଷ୍ଟ୍ରପତି ଭବନ-୨୦୧୫
- ରାଜ୍ୟ ଯୁବ ପୁରସ୍କାର-୨୦୦୦
- କାଦମ୍ବିନୀ କବିତା ସମ୍ମାନ-୨୦୦୩
- ହାଜୀ ଅସରଫ୍ ଅଲ୍ଲୀ ଉଦୟ ପ୍ରତିଭା କବିତା ସମ୍ମାନ (ଫକୀରମୋହନ ସାହିତ୍ୟ ପରିଷଦ)- ୨୦୦୪
- ବସନ୍ତ ମୁଦୁଲି କବିତା ପୁରସ୍କାର- ୨୦୦୬
- ଲେଖାଲେଖି ଯୁବ କବି ପୁରସ୍କାର- ୨୦୦୭
- ଶାରଳା କାବ୍ୟ ସମ୍ମାନ-୨୦୧୦
- ଉତ୍କଳ ସାହିତ୍ୟ ସମାଜ ଯୁବ ସାହିତ୍ୟିକ ସମ୍ମାନ-୨୦୧୦
- ମନ୍ଥନ ଯୁବ ସାହିତ୍ୟିକା ସମ୍ମାନ-୨୦୧୦
- ରାଜୀବ ଗାନ୍ଧୀ ସଦ୍‌ଭାବନା ପୁରସ୍କାର-୨୦୧୧
- ଟାଇମ୍ ପାସ୍ ସ୍ୱୟଂଶ୍ରୀ ସମ୍ମାନ-୨୦୧୨
- ତାଳପଦେଶ୍ୱରୀ ସାରସ୍ୱତ ସମ୍ମାନ-୨୦୧୨
- ଇସ୍ତାହାର କବିତା ସମ୍ମାନ-୨୦୧୪
- ଦୀପକ ମିଶ୍ର କବିତା ସମ୍ମାନ-୨୦୧୫

- National Symposium of Poets by All India Radio, New Delhi - 2015
- ରାଜ୍ୟ ଦୁର୍ନୀତି ନିବାରଣ ବିଭାଗ, ରାଜ୍ୟ ସରକାରଙ୍କ ପକ୍ଷରୁ ଦୁର୍ନୀତି ନିବାରଣ ଉପରେ ରଚିତ ପ୍ରବନ୍ଧ ଶ୍ରେଷ୍ଠ ବିବେଚିତ ଓ ପୁରସ୍କୃତ- ୨୦୧୬
- ରେଣୁବାଳା ସ୍ମୃତି ସମ୍ମାନ- ୨୦୧୬
- ସତ୍ୟବାଦୀ ସାହିତ୍ୟ ସମ୍ମାନ- ୨୦୨୦
- ରାଜକନ୍ୟା ରତ୍ନମାଳୀ ଜେମା ସାରସ୍ୱତ ସମ୍ମାନ- ୨୦୨୧
- ଆର୍ଯ୍ୟା ସମ୍ମାନ-୨୦୨୧
- କଳିଙ୍ଗ ବୀରାଙ୍ଗନା ସମ୍ମାନ-୨୦୨୧
- ଭଞ୍ଜ ଭାରତୀ ଜୟଦେବ ଷଡ଼ଙ୍ଗୀ ସ୍ମୃତି ସମ୍ମାନ- ୨୦୨୧
- ଟାଇମ୍ସ ପାୱାର ୱିମେନ୍- ୨୦୨୧
- ଅକ୍ଷୟ ସାହିତ୍ୟ ସମ୍ମାନ -୨୦୨୧
- ମହୁରୀ ସମ୍ମାନ- ୨୦୨୧
- ପ୍ରଲେକ ପାଟରାଣୀ କାବ୍ୟ ରଚନାକାର ସମ୍ମାନ- ୨୦୨୩
- ଆଇଆଇଏମ୍‌ସି ଆଲୁମ୍ନି ଅଫ୍ ଦି ଇୟର- ୨୦୨୩
- ଟାଇମ୍ସ ପାୱାର ୱିମେନ୍- ୨୦୨୩
- ଦ ନ୍ୟୁ ଇଣ୍ଡିଆନ୍ ଏକ୍ସପ୍ରେସ୍ ଦେବୀ ଆୱାର୍ଡ଼-୨୦୨୩
- ଆଦିକବି ସାରଳାଦାସ ସାରସ୍ୱତ ସମ୍ମାନ-୨୦୨୪
- ଯୁବ ସୃଜନ ଶିଖର ସମ୍ମାନ(ନାନ୍ଦୀ ସେବା ନ୍ୟାସ, ବାରାଣସୀ)- ୨୦୨୪
- କଥା ଭାରତ ସମ୍ମାନ-୨୦୨୪
- ଶରତ ସାରସ୍ୱତ ସମ୍ମାନ-୨୦୨୫
- ଫେମିନା ଆଚିଭର୍ସ ଓଡ଼ିଶା-୨୦୨୫

BLACK EAGLE BOOKS

www.blackeaglebooks.org
info@blackeaglebooks.org

Black Eagle Books, an independent publisher, was founded as a nonprofit organization in April, 2019. It is our mission to connect and engage the Indian diaspora and the world at large with the best of works of world literature published on a collaborative platform, with special emphasis on foregrounding Contemporary Classics and New Writing.

www.ingramcontent.com/pod-product-compliance
Lightning Source LLC
Chambersburg PA
CBHW060613080526
44585CB00013B/803
9781645607434